AF814695

यदि आप धनाढ्य व्यक्ति बनना चाहते हैं तो सबसे पहले अपने समस की कीमत वसूल करना सीखीये क्योंकि समय आपको माला माल कर देगा। दुनिया में जब अनेक लोगों ने करोड़ों कमाए हैं और कई धनकुबेर हैं, तो आप क्यों नहीं हो सकते हैं। परंतु बिरले लोग ही 'गामा' भीम बन पाते हैं। तीर चलाना तो सभी को आता है परन्तु 'अर्जुन की आंख' अपना अलग दृष्टिकोण रखती है। ठीक उसी प्रकार से यह तो सभी जानते हैं कि समय कीमती है, आप समय बचाना सीख लें तो आप भी एक प्रतिष्ठित धनाढ्य व्यक्ति व एक सभ्य धनकुबेर बन सकते हैं।

ज्योतिष और धनयोग

ज्योतिष में धनयोग
के कारण और निवारण को लेकर लिखी गई
यह पहली प्रमाणिक पुस्तक है।

लेखक :

अन्तर्राष्ट्रीय ख्यातिप्राप्त, लब्ध सुवर्णपदक

दैवज्ञ महर्षि पं० भोजराज द्विवेदी

संपादक "अज्ञातदर्शन" पाक्षिक ज्योतिष पत्रिका

रिसर्च स्कालर ज्योतिष, एम० ए० संस्कृत दर्शन

प्रथम बी रोड, सरदारपुरा, जोधपुर (राज०)

डायमंड बुक्स

ISBN : 81-7812-399-8

प्रकाशक	:	**डायमंड पॉकेट बुक्स (प्रा.) लि.** X-30, ओखला इंडस्ट्रियल एरिया, फेज-II नई दिल्ली-110020
फोन	:	011-41611861, 40712100
फैक्स	:	011-41611866
ई-मेल	:	sales@dpb.in
वेबसाइट	:	www.dpb.in
संस्करण	:	2017
मुद्रक	:	**आदर्श प्रिंटर्स, शाहदरा, दिल्ली-110032**

Jyotish Aur Dhan Yog
by: Dr. Bhojraj Dwivedi

पुस्तक के बारे में

संसार का प्रत्येक मनुष्य चाहे वह किसी भी जाति, धर्म व संप्रदाय का क्यों न हो, धनवान बनने की प्रबल इच्छा, उसके हृदय में प्रतिपल, प्रतिक्षण विद्यमान रहती है। शास्त्र में चार पुरुषार्थ कहे गए हैं — धर्म, अर्थ, काम और मोक्ष। धर्म को अर्थ खा गया, काम अर्थ में तिरोहित हो गया। मोक्ष की किसी को इच्छा नहीं है। अत: ले देकर केवल 'अर्थ' ही रह गया जिस पर गरीब, अमीर, रोगी, भोगी और योगी सभी का ध्यान केंद्रित है। पर धन तो भाग्य के अनुसार ही मिलता है। दरिद्र योग, भिक्षुक योग, कर्जयोग, सदाऋण ग्रस्त योग, लक्षाधिपति योग, करोड़पति योग, अरबपति योग, कुबेर योग, किन-किन योगों एवं दशाओं में मनुष्य धनवान बनता है इन सब पर संपूर्ण विवेचन, उदाहरण सहित पहली बार इस पुस्तक में प्रस्तुत किया गया है। धन योग के कारण और निवारण की शास्त्र-सम्मत विधि पहली बार आप इस पुस्तक के माध्यम से पढ़ पाएंगे। किस ग्रह की शांति किस विधि से करनी चाहिए? दुर्योगों की निवृति के कौन से चमत्कारी एवं सरल उपाय हैं, जिसके करने से व्यक्ति धनवान हो सकता है। इन सब बातों का विस्तार पूर्वक समाधान आपको पहली बार इस पुस्तक में मिल पायेगा। अंतर्राष्ट्रीय ख्यातिप्राप्त विद्वान् लेखक पं० भोजराज द्विवेदी की यशस्वी लेखनी से आबद्ध प्रस्तुत 'शोध ग्रंथ' ज्योतिष जगत् की एक अमूल्य धरोहर है।

—प्रकाशक

अनुक्रम

व्यवहारिक जीवन में धनकुबेर के बनने के चार अमूल्य नुस्खे

यदि आप धनाढ्य व्यक्ति बनना चाहते हैं तो सबसे पहले अपने समय की कीमत वसूल करना सीखीये क्योंकि समय आपको माला माल कर देगा। दुनिया में जब अनेक लोगों ने करोड़ों कमाए हैं और कई धनकुबेर हैं ,तो आप क्यों नहीं हो सकते हैं। परंतु बिरले लोग ही 'गामा ' भीम बन पाते हैं। तीर चलाना तो सभी को आता है परन्तु 'अर्जुन की आंख' अपना अलग दृष्टिकोण रखती है। ठीक उसी प्रकार से यह तो सभी जानते हैं कि समय कीमती है, आप समय बचाना सीख लें तो आप भी एक प्रतिष्ठित धनाढ्य व्यक्ति व एक सभ्य धनकुबेर बन सकते हैं।

इसके लिए सबसे पहले आप को अपनी आदतों और कमजोरियों का सूक्ष्मता से अध्ययन करना होगा। परिस्थितियों व दूसरे व्यक्तियों पर दोषारोपण करना बिलकुल छोड़ दीजिए। यह माना कि मनुष्य परिस्थितियों का दास है, किंतु सदैव परिस्थितियों को दोष देना उचित नहीं, आप आपने अनुकूल परस्थितियों का निर्माण कर, परस्थिति पर विजय प्राप्त करने की कोशिश करेंगे तो आप पाएंगे कि आपने सफलता की पहली मंजिल को पूरा कर लिया। याद रखें सफलता की पहली मंजिल है कालजयी बनिए।

हमेशा अपनी रुचि के कार्य को प्रोत्साहित कीजिए। तथा जो भी कार्य करें, उसे पूरे उत्साह, धैर्य, लगन व निष्ठा के साथ करें। आपको उसमें जरूर सफलता मिलेगी। यह आपकी सफलता का दूसरा सोपान है।

धनकुबेर बनने का तीसरा नुस्खा है कि आप आज का काम कल पर मत छोड़िए

क्योंकि यह प्रकृति का ध्रुव सत्य है कि समय को हमेशा सामने से ही पकड़ा जाता है पीछे से नहीं। अतः जिस क्षण को आप आज वर्तमान काल में काम ले सकते हैं वे ही क्षण आपके सच्चे साथी हैं, वे क्षण मूल्यवान हैं; और बचे हुए शेष क्षण व्यर्थ में सोचने में चले जाते हैं। जो भी आज का कार्य हो उसे तुरंत निपटा दीजिए, यह कहकर मत टालिए कि कल कर लेंगे। इस सनातन सत्य को हमेशा याद रखिए कि जो कार्य आप कल करना चाहते हैं उसमें से बहुत सा काम कभी नहीं हो पाता।

धनाढ्य व्यक्ति बनने का चौथा व अंतिम नुस्खा है कि बेकार मत बैठिए, चाहे छोटा काम हो चाहे बड़ा, उसे करते रहिए, व्यर्थ बैठे रहने से कार्य पूरा नहीं होता। योजना बद्ध तरीके से कार्य कीजिए व तुरंत कीजिए। मेरा विश्वास है ऐसा करने से आपका नाम शीघ्र ही शहर के गिने-चुने धनाढ्य व्यक्तियों में गिना जाने लगेगा। कुशाग्र बुद्धि से, सही समय में, सही दिशा में, हर क्षण क्रियाशील रहिए तथा अपने प्रत्येक क्षण का अधिक से अधिक मूल्यांकन करते हुए अधिक से अधिक रुपया खर्च करके समय को बचाईए और आप पायेंगे कि दुनिया की बेहिसाब दौलत व वैभव आपके रास्ते में पलकें बिछाए हुए, अनायास ही आपकी प्रतीक्षा कर रही है। विधाता ने आपके भाग्य में कितना धन लिखा है, यह इस पुस्तक के माध्यम से पढ़िए, निर्दिष्ट उपाए कीजिए एवं मालोमाल हो जाइए।

— लेखक

ज्योतिष में योग का स्वरूप

मंदिर में भोग, अस्पताल में रोग और ज्योतिष में योग का बड़ा महत्त्व है। योग शब्द की विस्तृत व्याख्या की आवश्यकता नहीं है; योग मिलन का पर्याय है। दो वस्तुओं के मिलन को "योग" एवं अलगाव को "वियोग" कहते हैं। ज्योतिष में हमें यही अर्थ अभिप्रेत है। एक से अधिक प्रकार की ग्रह-स्थितियों के विशेष तालमेल को योग कहते हैं। इन योगों के आधार पर की गई भविष्यवाणियां अधिक वैज्ञानिक एवं सटीक होती हैं। ये योग ही फलित ज्योतिष के आधार स्तम्भ हैं। यदि इन योगों को समझने में कहीं गलती हो जाए, कुछ त्रुटि रह जाए तो संपूर्ण फलित ज्योतिष का भवन ही नीचे गिर जायेगा। अत: यह बात भली-भांति समझ लेनी चाहिए कि योग के बिना फलित ज्योतिष का कहीं कुछ अस्तित्व शेष नहीं रह जाता।

ज्योतिष के दो भाग हैं गणित और फलित। गणित एक गणनात्मक प्रक्रिया है, जिसकी जगह कैलकूलेटर एवं कंप्यूटर ने ले ली है। जिसकी वजह से मनुष्य का महत्त्व ही समाप्त हो गया है क्योंकि कंप्यूटर मनुष्य से अधिक तेज गति से एवं सही व सूक्ष्म गणित कर लेता है। ज्योतिष का सर्वाधिक चमत्कारी एवं रोचक पक्ष है फलित। कंप्यूटर अभी फलादेश कहने में पूर्ण समर्थ नहीं हो पाया है क्योंकि फलादेश अनुभवगम्य है, कंप्यूटर के पास 'मैमोरी' तो है पर अनुभव नहीं। फलादेश की सत्यता ईश्वर (इष्ट) **कृपा पर भी अवलंबित है। इष्ट कृपा ज्योतिष में अनिवार्य है। इष्ट कृपा से ही ज्योतिष की सुगंध फैलती है अन्यथा वह एक**

निर्गंध पुष्प है। इष्ट कृपा साधना से प्राप्त होती है। मशीनें साधनाएं नहीं कर सकतीं क्योंकि वे निर्जीव हैं, आत्मा व चैतन्य शक्ति से शून्य जड़ पदार्थ है। अतः कंप्यूटर इत्यादि मशीनें आदमी के सहायक तो हो सकती हैं, पर सब कुछ नहीं।

अब फलित ज्योतिष में सिद्धहस्तता प्राप्त करने के लिए मनुष्य के पास दो ही विकल्प शेष रह जाते हैं प्रथम अध्ययन, द्वितीय साधना। अध्ययन साधना का प्रथम सोपान है। अध्ययन करते-करते मनुष्य सिद्ध हो जाता है। योग एक ऐसी ही सिद्धि है। योग को सम्यक् रूप से समझना, उन्हें हृदयंगम करना ही एक साधना है। किसी व्यक्ति को पचास-सौ योग कंठस्थ हो जाएं तो ऐसा व्यक्ति फलादेश का चैंपियन बन जाता है। लोग उसके इर्द-गिर्द घूमते हैं और अपनी कुंडली बनाने के लिए लालायित रहते हैं। मैंने प्रैक्टिकल रूप से देखा है कि किसी भी जिज्ञासु व्यक्ति का उसकी कुंडली का सही योग बता दो, उसका श्लोक सुना दो और उसका अर्थ समझा दो, वह मंत्रमुग्ध हो जाता है तथा उस ज्योतिषी का एवं ज्योतिष विद्या दोनों का अन्यतम भक्त हो जाता है।

पिछले एक हजार वर्षों से फलित ज्योतिष में योग को लेकर कोई सही काम नहीं हुआ। ज्योतिष की प्राचीन पुस्तकों में योग इधर-उधर बिखरे मिलते हैं, उनका कोई अनुक्रम नहीं, सीमेंटरी नहीं, उनकी विस्तृत व्याख्या एवं विवेचन नहीं मिलते। उन योगों को व्यवहारिक कसौटी पर भी नहीं कसा गया। उनकी सत्यता की जांच भी नहीं की गई। हजारों वर्ष पूर्व लिखे गए साहित्य की उपयोगिता में अब बदलाव आ गया है। देशकाल परिस्थितियां-वातावरण-पर्यावरण, चिंतन सभी कुछ तो बदल गया है। हाथी-घोड़ों की जगह कार-स्कूटर एवं हवाई जहाज ने ले ली है। चक्रवर्ती राजा, सम्राट, महाराजाधिराज, राजराजेश्वर के युग अब समाप्त हो गए। उनकी जगह केबिनेट मिनिस्टर, राज्यमंत्री, सांसदों एवं विधायकों ने ले ली है। सभी मानदंड बदल गए, इन बदलते मान-दंडों के परिपेक्ष्य में हमें ज्योतिष के इन योगों का आधुनिकीकरण करना होगा।

दिव्यदृष्टा ऋषि-मुनि भी रहे नहीं। ऋषि क्या है वस्तुतः **"ऋषियों रिसर्चः कर्तार"** जो निरंतर अनुसंधान में रत रहे वही ऋषि है। सत्य की निरंतर खोज में अपने आप को तिल-तिलकर जलाकर भारतीय ऋषियों ने ज्योतिष की ज्योति को प्रज्जवलित रखा। उन्हीं ऋषियों की प्रेरणा के प्रकाश पुंज में हमें आगे बढ़ना है। प्राचीन-ऋषि आकर के कोई नया शास्त्र बनाएंगे नहीं ? अतः ऋषियों के पुनित कार्य को भी हमें ही करना है। तभी भारतीय ज्योतिष के ज्ञान की निर्मल धारा की अक्षुण्णता बनी रहेगी।

इसी कलिकाल में कुछ लोग ऐसे भी हैं जो ऋषियों द्वारा की गई खोज का सेहरा भी अपने सिर पर बांधना चाहते हैं। इस संदर्भ में डॉ. बी०वी० रमन द्वारा लिखित "थ्री हन्ड्रैड इंपोर्टेंट कांबिनेसन" नामक पुस्तक का उल्लेख जरूर करना चाहूंगा। यह पूरी पुस्तक जातकतत्व, पाराशर एवं मानसागरी को आधार मानकर लिखी गई परंतु कहीं भी इन ऋषियों के प्रति कृतज्ञता का ज्ञापन नहीं किया गया। साथ ही मूल संदर्भित श्लोकों को भी कहीं नहीं दर्शाया गया। इसके पीछे लेखक का क्या उद्देश्य रहा होगा यह तो वही भली-भांति बता सकता है परंतु पूर्वाचार्यों एवं ऋषियों के प्रति कृतघ्नता का इससे बड़ा ज्वलंत उदाहरण और कहीं नहीं मिल सकता। ज्ञान का दोहन एवं शोषण की यह पराकाष्ठा है।

आंग्लप्रेमी ज्योतिष के ऐसे नक्कालों से ज्योतिष जगत को क्या फायदा हुआ इसे बाद में सोचा जाएगा परंतु जो प्रत्यक्ष नुकसान हो रहा है वह अक्षम्य है। प्रत्यक्ष नुकसान यह हुआ कि आम पाठक भारतीय ऋषियों से दूर होता चला गया तथा असलियत से भटक गया। सूटेड-बूटेड आंग्ल प्रेमी सज्जन ऋषियों के पिष्टपेषण को, उनके वमन को, उनके झूठन को चटकारे ले-लेकर चाट तो रहा है परंतु प्रशंसा करेगा, उनके छद्मधारी लेखक की जिसने विदेशी भाषा में पाठक को यह सामग्री परोसी है। परिणाम यह हुआ कि आज पाठक भारतीय ज्योतिष से दूर होता चला गया और ज्योतिष भी विकृत होती चली गई। अत: मेरा प्रबुद्ध पाठकों से निवेदन है कि कोई भी ज्योतिष सामग्री पढ़ने के पूर्व यह जरूर देखें कि इसका मूल कहां है "इसकी जड़ कहां है"? जिस प्रकार वकील बहस के समय अपनी धाराएं प्रस्तुत करता है, ठीक उसी प्रकार से विद्वान् ज्योतिषी को भी फलादेश देते समय ऋषियों के श्लोक को उद्धृत करना चाहिए। तभी पवित्रता कायम रहेगी।

ज्योतिषी को ऐसा दंभ कभी नहीं करना चाहिए कि मैंने उसको कहा तेरे पुत्र होगा और हो गया। वस्तुत: हम कहने वाले कौन होते हैं यह तो ऋषियों की वाणी थी। ऋषियों ने, पूर्वाचार्यों ने हमको बताया कि अमुक कुंडली में अमुक योग के कारण, अमुक जातक के लड़का होगा। हमने वही योग पढ़कर ज्योतिष के आधार पर भविष्यवाणी की तेरे पुत्र होगा। वास्तव में पुत्र हुआ तो आभार तो हमें ज्योतिष विज्ञान का एवं ऋषियों का मानना चाहिए तभी हम कृतज्ञ कहलाएंगे। **ज्योतिष विज्ञान का पहला पाठ यह है कि ज्योतिषी को दंभी, अहंकारी एवं कृतघ्न नहीं होना चाहिए।**

यदि हम दैविक संकेत से सही भविष्यवाणी करने में सफल होते हैं तो हमें दैवी-शक्ति का आभार मानना चाहिए। हमें कभी यह नहीं भूलना चाहिए कि हम तो केवल मात्र माध्यम हैं, मिडिएटर हैं। जब तक हम विनम्र हैं, कृतज्ञ हैं, दैविक

शक्ति हमारे साथ रहेगी, मां सरस्वती का वरदहस्त भी हम पर अक्षुण्ण बना रहेगा। जब हम अनाधिकृत चेष्टा कर अहं की तुष्टि में लग जाएंगे, ज्योतिष का दिव्य ज्ञान एवं दैवी शक्ति दोनों हमारा साथ छोड़ देंगी। हम मात्र गणितज्ञ बन कर रह जाएंगे। जन्मपत्री बना लेंगे, दशाएं निकाल देंगे, पर उनके आधार पर की गई हमारी भविष्यवाणी सही सिद्ध नहीं होगी। इसलिए ध्यान रहे कि हमें निर्गंध-पुष्प बनने की चेष्टा नहीं करनी चाहिए।

जन्म कुंडली के विवेचनात्मक अध्ययन से हमें साधारण व सामान्य फलादेश की जानकारी ही प्राप्त हो सकती है। विशेष एवं सटीक फलादेश तो हमें 'योग' से ही प्राप्त होते हैं। उदाहरणार्थ व्यक्ति धनवान है या गरीब "धनवान है तो कितना?" संतान है या नहीं "है, तो कितनी?" नहीं है, तो क्यों नहीं, इसका कारण भी हमें योग ही बतायेगा। इसके बाद योगों की निवृत्ति के उपाए भी दिए गए हैं। यह सबसे महत्त्वपूर्ण बात है जो इस ग्रन्थ में आप देखेंगे। ऐसा डॉक्टर क्या काम का, जो हमें बीमारी तो बता देता है पर इसका इलाज नहीं बताता? निदान के बिना कोई भी विद्या अधूरी ही मानी जाएगी। यही हाल ज्योतिषी का है वह शास्त्रवचनों के अनुसार "अरिष्ट कथन" तो कर देगा और वह अरिष्टयोग यजमान की कुंडली में बराबर मिल भी रहा है परंतु इसका उपाय, निराकरण न बताया तो यजमान छटपटा कर रह जाएगा। मछली को पानी के बाहर निकाल कर छोड़ने से जिस प्रकार मछली तड़पती है ठीक उसी प्रकार से व्याकुलता यजमान को हो जाती है। **यदि हम उपाय न बतावें तो ज्योतिष की उपयोगिता पर प्रश्नवाचक चिन्ह लग जाएगा। उपाय बताने के लिए ज्योतिषी को धर्मशास्त्र, संस्कृत एवं कर्मकांड का ज्ञान होना अनिवार्य है। कर्मकांड व धर्मशास्त्र के ज्ञान के बिना ज्योतिषी की स्थिति उस वृक्ष के समान हो जाती है, जिसकी अनेक शाखाएं तो हैं, उस पर पत्ते भी हैं, पुष्प भी हैं पर फल नहीं!! ज्योतिष विज्ञान का दूसरा महत्त्वपूर्ण पाठ यह है कि हमें फलदार वृक्ष बनने की चेष्टा करनी चाहिए।** हमारे यहां से व्यक्ति कभी निराश नहीं लौटना चाहिए। हमें अंधेरे में प्रकाश के किरण की तरह व्यक्ति के मन-मस्तिष्क में आशावादी विचार भरने होंगे, आशारूपी फल को प्राप्त करने पर मनुष्य का जीवन सार्थक हो जाता है। इसके लिए शताधिक वर्षों से हमारे कार्यालय का मंत्र-तंत्र विभाग सतत् रूप से प्रयत्नशील है।

याद रखें ईश्वर के पश्चात् ज्योतिषी वह पहला व्यक्ति है जो आपके भविष्य के बारे में सही जानकारी रखता है। कठिनाई के क्षणों में, विपत्ति की घड़ियों में या ऐसे समय में जब व्यक्ति के पुरुषार्थ का जोर नहीं चलता, व्यक्ति

सीधा मंदिर, मस्जिद या गिरजाघरों में जाता है या फिर सीधा ज्योतिषी की शरण में जाकर अपने दु:ख-दर्द की फरियाद करता है । निर्जीव पत्थर तो नहीं बोलते, पर ईश्वर की वाणी ज्योतिषों के मुखारबिन्द से प्रस्फुटित होती है । ऐसे में ज्योतिषी की जिम्मेदारी और अधिक बढ़ जाती है । भारत में विद्वान् ज्योतिषी हो और यदि ब्राह्मण हो तो लोग उसे ईश्वरतुल्य सम्मान देते हैं । भारत में भविष्यवक्ता को इतना सम्मान नहीं मिलता, जितना ज्योतिषी को । भविष्यवक्ता होना और बात है तथा ज्योतिषशास्त्र का अध्येता होना अलग महत्त्व रखता है । वराहमिहिर ने भी कहा है:

म्लेच्छा हि यवनास्तेषु सम्यक् शास्त्रमिदं स्थितम्।
ऋषिवत्तेऽपि पूज्यन्ते किं पुनर्दैवविद् द्विजः ॥

—*बृहत्संहिता* 2/30

अर्थात् व्यक्ति कितना भी पतित हो, शूद्र हो, म्लेच्छ, चाहे यवन ही क्यों न हो, इस ज्योतिष शास्त्र के सम्यक् (भली-भांति) अध्ययन से ऋषि के समान पूजनीय हो जाता है । इस दिव्य ज्ञान की गंगास्नान से व्यक्ति पवित्र व पूजनीय हो जाता है । फिर उस ब्राह्मण की क्या बात, जो ब्राह्मण भी हो, वैदज्ञ भी हो और इस दिव्य विद्या में पारंगत हो, अर्थात् उसकी अग्रपूजा तो निश्चित ही होती है ।

इस श्लोक में "सम्यक्" शब्द पर विशेष जोर दिया गया है । सम्यक् ज्ञान गुरु कृपा से ही आता है । पुस्तक के माध्यम से आप गुरु के विचारों के समीप जरूर पहुंचते हैं पर अंततोगत्वा वह किताबी ज्ञान ही कहलाता है । भारतीय वाङ्मय में गुरु का बड़ा महत्त्व है । कई जगह तो गुरु को ईश्वर से बड़ा दर्जा दे दिया गया ।

गुरु गोविंद दोऊ खड़े, का के लागू पाय।
बलिहारी गुरुदेव की, गोविंद दियो बताय ॥

शास्त्रकारों ने निर्देश दिया है कि गुरु की आज्ञा के बिना जो शास्त्र का प्रयोग करता है, वह वस्तुत: ज्ञान की चोरी करता है, उसकी विद्या कुंठित हो जाती है । कर्ण को परशुराम ने यही श्राप दिया था कि —"तूने छल से विद्या प्राप्त की है, इसलिए जब इस शस्त्र-विद्या की तुझे सबसे ज्यादा आवश्यकता प्रतीत होगी, उस समय यह विद्या तेरा साथ छोड़ देगी ।" एक व्यक्ति के जीवन में अनेक गुरु होते हैं । भगवान दत्तात्रेय के 24 गुरु थे, एक जगह तो उन्होंने कुत्ते को भी अपना गुरु माना । कहने का तात्पर्य यह है कि जिससे भी कुछ ज्ञान प्राप्त किया जाए वह "गुरु" है । गुरु की कोई उम्र नहीं होती, विद्या की कोई वय नहीं होती । गुरु के सान्निध्य में, उसके आशीर्वाद से जो विद्या प्राप्त की जाती है उसकी तीव्रता,

तीक्ष्णता एवं सिद्धि कुछ और होती है। गुरुमार विद्या मनुष्य को पतन के मार्ग की ओर ले जाती है। **ज्योतिष का तीसरा पाठ यह है कि भारतीय परंपरा के अनुसार व्यक्ति को पके हुए फूलों की डाल की तरह झुककर के (विनम्रता से) गुरुमुख से विद्या ग्रहण करनी चाहिए।**

ज्योतिष का चौथा और अंतिम पाठ यह है कि बिना पूछे सलाह नहीं देनी चाहिए। हंसी-दिल्लगी व मनोविनोद में पूछे गए प्रश्नों का जवाब एवं अपात्र व्यक्ति को इस विद्या का उपदेश नहीं देना चाहिए। कुपात्र से बहस नहीं करनी चाहिए। चाहे वह आपका पुत्र ही क्यों न हो। जिज्ञासु सज्जन की शंका का समाधान एकांत में पूर्ण गंभीरता एवं गोपनीयता के साथ करें। **जब तक जिज्ञासु सज्जन, फल-पुष्प-नारियल और दक्षिणा के साथ यथाशक्ति विज्ञ दैवज्ञ का सम्मान न करे, तब तक दैवज्ञ इस दिव्य विद्या का उपदेश न करे।** प्रकृति का नियम है जो खाली आता है, वह खाली जाता है। विद्या का आदर किए बिना विद्या नष्ट हो जाती है, विद्वान् ब्राह्मण के वचन भी खाली चले जाते हैं। अत: विज्ञ पाठकों को भी चाहिए कि सरस्वती के प्रांगण में न तो निरर्थक जाना चाहिए, न ही निरर्थक प्रश्न पूछने चाहिएं। यथा—

"अस्पृष्टो नैव भाषेत, भविष्यं नैव वाचयेत्।
स नक्षत्र सूचको निन्द्यः वर्जितः दैव कर्मणि॥"

अर्थात् गुरु, मंदिर व राजा के पास खाली हाथ नहीं जाना चाहिए। घर-घर जाकर बिना पूछे ही ज्योतिष-फल बताने वाला व्यक्ति "नक्षत्रसूचक" कहा गया है। वराहमिहिर, सुमंतु, कश्यप, ब्रह्मपुराण, वसिष्ठ, गर्ग आदि सभी महर्षियों ने नक्षत्रसूचक की निंदा की है तथा उसे दैव-कर्म के लिए अयोग्य घोषित किया है। फलितज्ञ को चाहिए कि — "जिन वचनों द्वारा, व्यक्ति या देश को हानि या दुःख हो जाए। न बतावे। जैसे—जुआ का मुहूर्त, सट्टे-लॉटरी के नंबर, चोरी का मुहूर्त, अमुक देश पर संकट आयेगा, कार्य-करण संबंध पर विचार किए बिना भविष्य बताना। समाचार-पत्रों में बिना मांगे ही राजनैतिक भविष्यवाणियां करना, राजनेताओं का भविष्य प्रकाशित करना, गोपनीयता को भंग करना, किसी कन्या-स्त्री के गुप्त-प्रसंगों को प्रकाशित करना, ये सभी बातें, प्रत्येक दृष्टिकोण से नैतिक नियमों के विरुद्ध हैं।" ऐसा ज्योतिषी "अयोग्य" होता है। अत: विज्ञ ज्योतिषी को गुरुवचनों से, नैतिक नियमों से आबद्ध होकर मर्यादा में रहना चाहिए, तभी भारतीय ज्योतिष की साख बढ़ेगी।

पं० भोजराज द्विवेदी

संपादक— अज्ञातदर्शन (पाक्षिक)

मेष लग्न और धनयोग

मेष लग्न में जन्म लेने वाले जातकों के लिए धनप्रदाता ग्रह शुक्र है। धनेश शुक्र की शुभाशुभ स्थिति से धन स्थान से संबंध जोड़ने वाले ग्रहों की स्थिति एवं योगायोग, शुक्र एवं धनस्थान पर पड़ने वाले ग्रहों की दृष्टि संबंध से जातक की आर्थिक स्थिति, आय के स्त्रोतों तथा चल-अचल संपत्ति का पता चलता है। इसके अतिरिक्त पंचमेश सूर्य, भाग्येश बृहस्पति एवं लाभेश शनि एवं लग्नेश मंगल की अनुकूल स्थितियां मेष लग्न वालों के लिए धन, ऐश्वर्य एवं वैभव को बढ़ाने में पूर्णरूप से होती हैं।

वैसे मेष लग्न के लिए शनि, बुध और शुक्र अशुभफल देते हैं। बुध परमपापी है। गुरु और रवि शुभ फल देते हैं। अशुभ योग के संयोग में गुरु निश्चित रूप से अशुभ फल देगा। शुक्र मारक स्थान का अधिपति होकर भी घातक नहीं पर अरिष्ट फलदायक है। शनि इत्यादि पापग्रह इस लग्न के लिए घातक होते हैं। मंगल लग्नेश व अष्टमेश होने पर भी लग्नेश होने के कारण अशुभ फल नहीं देगा। मंगल स्वगृही हो तो उत्तम फ़ल देगा।

शुभयुति —शनि + गुरु

शुभ योग —सूर्य स्वगृही, शुक्र स्वगृही, क्षीण चंद्र, मंगल अच्छी स्थिति में।

अशुभ युति —मंगल + बुध

राजयोग कारक —रवि, गुरु, चंद्र

लक्ष्मी योग —शनि नवम में, गुरु सप्तम में, शुक्र पंचम में, सूर्य तृतीय में,

सफल योग —(1) सू० + मं०, (2) सू० + चं०, (3) सू० + शु०, (4) सू० + श०, (5) मं० + गु०, (6) चं० + गु०

निष्फल योग —गु० + श०, (2) गुरु० + शुक्र

विशेष योगायोग—

(1) मेष लग्न में बृहस्पति कर्क या धनराशि में हो तो जातक अल्प प्रयत्न से ही खूब धन कमाता है। धन के मामले में ऐसा व्यक्ति भाग्यशाली कहलाता है।

(2) मेष लग्न में शुक्र, वृष, तुला या मीन का हो तो व्यक्ति धनाध्यक्ष होता है लक्ष्मी उसका पीछा नहीं छोड़ती ।

(3) मेष लग्न में मंगल एवं शुक्र परस्पर परिवर्तन योग करके बैठे हों अर्थात् मंगल वृष या तुलाराशि में हो तथा शुक्र, मेष राशि में हो तो जातक स्वयं के पुरुषार्थ व पराक्रम से धनवान बनता है, इसमें कोई संदेह नहीं।

(4) मेष लग्न में शुक्र एवं शनि परस्पर स्थान परिवर्तन करके बैठे हों अर्थात् शुक्र के घर में शनि तथा शनि के घर में शुक्र हो तो ऐसा व्यक्ति महाभाग्यशाली होता है तथा जीवन में अत्यधिक धन अर्जित करता है।

(5) मेष लग्न हो, चंद्रमा लग्न में मंगल के साथ हो तथा शनि केंद्र या त्रिकोण में हो तो जातक 28 एवं 32 वर्ष की आयु के मध्य धन कमाता है तथा कीचड़ में कमल की तरह, साधारण परिवार में जन्म लेता हुआ धीरे-धीरे खूब धन कमाता हुआ आगे बढ़ता है।

(6) मेष लग्न में सूर्य सिंह का पंचम भाव में हो तथा लाभस्थान में कुंभ का गुरु स्वगृहाभिलाषी हो तो जातक महाधनी होता है। ऐसा व्यक्ति धनशाली व्यक्तियों में अग्रगण्य होता है।

(7) मेष लग्न में मंगल, शनि, शुक्र और बुध इन चार ग्रहों की युति हो तो जातक महाधनी होता है।

(8) मेष लग्न में सिंह का सूर्य पंचम में हो, लाभ में शनि चंद्रमा गुरु में से कोई ग्रह हो तो व्यक्ति महालक्ष्मीवान होता है तथा अतुल संपत्ति एवं ऐश्वर्य को भोगता है।

(9) मेष लग्न में मंगल, सूर्य, शुक्र और चंद्रमा से युत या दृष्ट हो तो व्यक्ति महालक्ष्मी शाली होता है तथा अखंड राजलक्ष्मी को भोगता है।

(10) मेष लग्न में मंगल मकर या कुंभ राशि में हो तथा शनि लग्न में अर्थात् मेष राशि में हो तो जातक 33वें वर्ष में पांच लाख रुपए कमा लेता है तथा शत्रुओं का नाश करते हुए अर्जित धनलक्ष्मी को भोगता है। ऐसे व्यक्ति को जीवन में अचानक रुपया मिलता है।

(11) मेष लग्न हो उसमें मंगल, शुक्र, गुरु तथा शनि अपनी अपनी उच्च व स्वराशियों में हो तो जातक करोड़पति होता है।

(12) मेष लग्न में मंगल हो साथ में बुध, शुक्र व शनि हो तो जातक करोड़पति होता है।

(13) मेष लग्न में धनेश शुक्र यदि छठे, आठवें या बारहवें स्थान में चला गया हो तो "धनहीन योग" की सृष्टि करता है। जिस प्रकार घड़े में छिद्र होने के कारण उसमें पानी नहीं ठहर सकता, ठीक उसी प्रकार से ऐसे जातक के पास धन नहीं ठहर पाता। सदैव रुपयों की कमी बनी रहती है। इस योग की निवृत्ति हेतु गले में शुक्र यंत्र धारण करना चाहिए। पाठक चाहें तो "शुक्र यंत्र" हमारे कार्यालय से प्राप्त कर सकते हैं।

(14) मेष लग्न में शुक्र आठवें हो परंतु सूर्य यदि लग्न को देखता हो तो ऐसे व्यक्ति को भूमि में गढ़े हुए धन की प्राप्ति होती है। अथवा लॉटरी से रुपया मिल सकता है।

(15) मेष लग्न हो, मंगल दसम भाव में भाग्येश पांचवें हो तो जातक लक्षाधिपति बनता है।

(16) मेष राशिस्थ लग्न की कुंडली में सूर्य स्व का हो, गुरु चंद्र की युति ग्यारहवें हो तो जातक लक्ष्मीवान होता है।

(17) मेष लग्न हो, चंद्रमा जहां स्थित है यहां से 1,4,7,10वें गुरु हो तो जातक भूमिपति होता है, मेयर बनता है।

(18) लग्नेश 5 या 9 भाव में, शुक्र ग्यारहवें एवं द्वितीयेश पर शुभ ग्रहों की दृष्टि हो तो लक्ष्मी योग होता है।

(19) मेषस्थ शुक्र हो, उसे सभी ग्रह देखते हों तो गजपति योग बनता है, जातक महा पराक्रमी, धनवान, गुणवान एवं प्रभावशाली होता है।

(20) चंद्रमा एवं मंगल एक साथ 1,4,7,10 त्रिकोण या 2,11 भाव में हों तो जातक धनवान होता है।

(21) चंद्र-मंगल योग हो, लाभेश चतुर्थ भाव में, धनेश चतुर्थ भाव में हो, चतुर्थेश शुभ स्थान में हो तो यकायक धन की प्राप्ति होती है।

(22) दूसरे घर का स्वामी शुक्र पंचम में पांचवें घर का स्वामी दूसरे या दूसरे का

स्वामी 11वें व 11वें का स्वामी दूसरे हो या पांचवें का स्वामी पांचवें, नवमें का स्वामी नवमें हो तो विशेष धन योग होता है ।

(23) चंद्रमा से 3/6/10/11वें स्थान में शुभ ग्रह हो तो वसुमति योग बनता है । इसके कारण व्यक्ति युवावस्था में ही लखपति हो जाता है ।

(24) मेष लग्न में मंगल मेष या मकर राशि में हो तो "रूचक योग" बनता है । ऐसा जातक राजा तुल्य ऐश्वर्य को भोगता हुआ अथाह भूमि, संपत्ति व धन का स्वामी होता है ।

(25) मेष लग्न में सुखेश चंद्रमा, लाभेश शनि यदि नवम स्थान में हो तथा नवम भाव मंगल से दृष्ट हो तो व्यक्ति को अनायास गुप्त धन की प्राप्ति होगी ।

(26) मेष लग्न में गुरु + चंद्र की युति वृष, कर्क, सिंह या धनु राशि में हो इस प्रकार के गजकेसरी योग के कारण व्यक्ति को अनायास उत्तम धन की प्राप्ति होती है । ऐसे व्यक्ति को लॉटरी, शेयर बाजार या अन्य व्यापारिक स्त्रोत से अकल्पनीय धन मिलता है ।

(27) मेष लग्न में धनेश शुक्र अष्टम में एवं अष्टमेश मंगल धन स्थान में परस्पर परिवर्तन करके बैठे हों तो ऐसा जातक गलत तरीके से धन कमाता है । ऐसा व्यक्ति ताश, जुआ, मटका, घुड़रेस, स्मगलिंग एवं अनैतिक कार्यों से धन अर्जित करता है ।

(28) मेष लग्न में तृतीयेश बुध लाभस्थान में एवं लाभेश शनि तृतीय स्थान में परस्पर परिवर्तन करके बैठे हो तो ऐसे व्यक्ति को भाई, मित्र एवं भागीदारों के द्वारा धन की प्राप्ति होती है ।

(29) मेष लग्न में बलवान शुक्र के साथ यदि चतुर्थेश चंद्र की युति हो तो व्यक्ति को माता के द्वारा धन की प्राप्ति होती है ।

(30) मेष लग्न में यदि बलवान शुक्र की पंचमेश सूर्य से युति हो, द्वितीय भाव शुभ ग्रहों से दृष्ट हो तो ऐसे व्यक्ति को पुत्र द्वारा धन की प्राप्ति होती है किंवा पुत्र जन्म के बाद ही जातक का भाग्योदय होता है ।

(31) मेष लग्न में बलवान शुक्र की यदि षष्टेश बुध से युति हो तथा धनेश शुक्र, शनि या मंगल से दृष्ट हो तो ऐसे जातक को शत्रुओं के द्वारा धन की प्राप्ति होती है । ऐसा जातक कोर्ट-कचहरी में शत्रुओं को हराता है तथा शत्रुओं के कारण ही उसे धन व यश की प्राप्ति होती है ।

(32) मेष लग्न में बलवान शुक्र की गुरु से युति हो तो जातक का भाग्योदय विवाह के बाद होता है तथा उसे पत्नी, ससुराल पक्ष से धन की प्राप्ति होती है ।

(33) मेष लग्न में बलवान शुक्र की नवमेश गुरु से युति हो तो ऐंसा जातक राजा से, राज्य सरकार से, सरकारी अधिकारियों एवं ठेके से काफी धन कमाता है ।

(34) मेष लग्न में बलवान शुक्र की दशमेश शनि से युति हो तो जातक को पैतृक संपत्ति पिता द्वारा संरक्षित धन की प्राप्ति होती है अथवा पिता का व्यवसाय जातक के भाग्योदय में सहायक होता है ।

(35) मेष लग्न में दसम भवन का स्वामी शनि यदि छठे, आठवें या बारहवें स्थान में हो तो जातक को परिश्रम का पूरा लाभ नहीं मिलता, जन्म स्थान में नहीं कमाता तथा धन की सदैव कमी बनी रहती है ।

(36) मेष लग्न में लग्नेश मंगल यदि छठे, आठवें या बारहवें स्थान में हो एवं सूर्य तुला राशि का सातवें (केंद्र) स्थान में हो तो व्यक्ति कमजोर होता है तथा धन के मामले में कमजोर होता है ।

(37) धन स्थान में पाप ग्रह हो तथा लाभेश शनि यदि छठे, आठवें या बारहवें स्थान में हो तो व्यक्ति दरिद्री होता है ।

(38) मेष लग्न में केंद्र स्थानों को छोड़कर चंद्रमा बृहस्पति से यदि छठे, आठवें या बारहवें स्थान में हो तो 'शकट योग' बनता है जिसके कारण व्यक्ति को सदैव धन का अभाव बना रहता है ।

(39) मेष लग्न में धनेश मंगल अस्त हो, नीच राशि (कर्क) में हो तथा धन स्थान एवं अष्टम स्थान में कोई पाप ग्रह हो तो व्यक्ति सदैव ऋणग्रस्त रहता है, कर्ज उसके सिर से उतरता नहीं ।

(40) मेष लग्न में लाभेश शनि यदि छठे, आठवें या बारहवें स्थान में हो तथा धनेश अस्तगत हो, पापपीड़ित हो तो जातक महादरिद्री होता है ।

(41) मेष लग्न में अष्टमेश मंगल वक्री होकर कहीं भी बैठा हो या अष्टम स्थान में कोई भी ग्रह वक्री होकर बैठा हो तो अकस्मात धनहानि का योग बनता है अर्थात् ऐसे व्यक्ति को धन के मामले में परिस्थितिवश अचानक भारी नुकसान हो सकता है, अत: सावधान रहें ।

(42) मेष लग्न में अष्टमेश मंगल शत्रु क्षेत्री, नीच राशिगत या अस्त हो तो अचानक धन की हानि होती है ।

वृष लग्न और धनयोग

वृष लग्न में जन्म लेने वाले जातकों के लिए धनप्रदाता ग्रह बुध है। धनेश बुध की शुभाशुभ स्थिति से धन स्थान से संबंध जोड़ने वाले ग्रहों की स्थिति एवं योगायोग, बुध एवं धनस्थान पर पड़ने वाले ग्रहों की दृष्टि संबंध से जातक की आर्थिक स्थिति, आय के स्त्रोतों तथा चल-अचल संपत्ति का पता चलता है। लग्नेश शुक्र, भाग्येश शनि एवं लाभेश बृहस्पति की अनुकूल स्थितियां वृष लग्न वालों के लिए धन, ऐश्वर्य एवं वैभव को बढ़ाने में पूर्णरूप से होती है।

वैसे वृषभ लग्न के लिए गुरु, शुक्र और चंद्रमा अशुभ हैं। शनि और बुध अल्प अशुभ है। अकेला शनि राजयोग करता है। गुरु अष्टमेश होने से मारक का फल देता है। सूर्य शुभ फलदायक है। परमपापी चंद्रमा व गुरु है। योगकारक सूर्य, बुध व शनि ही है।

शुभयोग —बुध + शनि
अशुभयोग —शुक्र + गुरु, शुक्र + मंगल
सफलयोग —शुक्र + शनि, सूर्य + बुध, सूर्य + शनि
निष्फलयोग —शुक्र + बुध, मंगल + बुध।
लक्ष्मीयोग —शनि नवम में या सप्तम में, बुध द्वितीय या पंचम में।

विशेष योगायोग—

(1) वृष लग्न में बुध, मिथुन या कन्याराशि में हो तो व्यक्ति धनवान होता है ।

(2) वृष लग्न में शनि, मकर, कुंभ का तुला राशि में हो तो जातक अल्प प्रयत्न से बहुत धन कमाता है । ऐसा व्यक्ति धन के मामले में भाग्यशाली होता है ।

(3) वृष लग्न में शुक्र हो, शनि, बुध से युत किंवा दृष्ट हो तो जातक शहर का प्रतिष्ठित धनवान होता है ।

(4) वृष लग्न में बुध एवं शनि परस्पर परिवर्तन योग करके बैठे हों अर्थात् बुध, मकर या कुंभ राशि में हो तथा शनि, मिथुन या कन्या राशि में हो तो जातक अपने पुरुषार्थ एवं पराक्रम से धनवान बनता है तथा खूब धन कमाता है ।

(5) वृष लग्न में यदि बुध एवं बृहस्पति परस्पर परिवर्तन करके बैठे हों । अर्थात् बुध के घर में बृहस्पति एवं बृहस्पति के घर में बुध हो तो ऐसा व्यक्ति महाभाग्यशाली होता है तथा जीवन में अत्यधिक धन अर्जित करता है ।

(6) वृष लग्न में बुध पंचम भाव में हो, मीन का बृहस्पति लाभस्थान में चंद्रमा या मंगल के साथ हो तो "महालक्ष्मी योग" बनता है । ऐसे जातक के पास अटूट लक्ष्मी होती है तथा अपने भुजबल से शत्रुओं का नाश करता हुआ राज्यलक्ष्मी को भोगता है ।

(7) वृष लग्न में चंद्रमा हो, साथ में मंगल हो तो जातक का 24 से 28 वर्ष की आयु में भाग्योदय होता है । ऐसा जातक अपने पराक्रम पुरुषार्थ से खूब धन कमाता है ।

(8) वृष लग्न में शनि केंद्र-त्रिकोण में हो, बुध धनस्थान या पंचम भाव में स्वगृही हो तो जातक क़ीचड़ में कमल की तरह आगे बढ़ता है अर्थात् सामान्य परिवार में जन्म लेकर भी धीरे-धीरे अपनी आर्थिक स्थिति को सुदृढ़ करता हुआ, 32 वर्ष की आयु के बाद लक्ष्मीपति, कोट्याधिपति हो जाता है ।

(9) वृष लग्न में शुक्र, चंद्रमा और सूर्य की युति हो तो जातक महाधनी होता है ।

(10) वृष लग्न हो, पंचम भाव में बुध हो तथा लाभस्थान मीन राशि में चंद्र+ मंगल हो तो व्यक्ति महालक्ष्मीवान होता है ।

(11) वृष लग्न में शुक्र लाभस्थान में तथा लाभेश गुरु लग्न स्थान में हो तो जातक 33 वर्ष में पांच लाख रुपए कमा लेता है तथा शत्रुओं का नाश करते

हुए स्वअर्जित धनलक्ष्मी को भोगता है। ऐसे व्यक्ति को जीवन में अचानक रुपया मिलता है।

(12) वृष लग्न हो, लग्नेश शुक्र, धनेश बुध, भाग्येश शनि एवं लाभेश गुरु अपनी-अपनी उच्च या स्वराशियों में हों तो जातक करोड़पति होता है।

(13) वृष लग्न में पंचम भाव में राहु, शुक्र, मंगल और शनि इन चार ग्रहों की युति हो तो जातक अरबपति होता है।

(14) वृष लग्न में धनेश बुध यदि छठे, आठवें या बारहवें स्थान में हो तो "धनहीन योग" की सृष्टि होती है। जिस प्रकार घड़े में छिद्र होने के कारण उसमें पानी नहीं ठहर पाता, ठीक उसी प्रकार से ऐसे व्यक्ति के पास धन नहीं ठहर पाता। सदैव रुपयों की कमी बनी रहती है। इस दुर्योग की निवृत्ति हेतु गले में "बुधयंत्र" धारण करना चाहिए। पाठक चाहें तो "बुधयंत्र" हमारे कार्यालय से प्राप्त कर सकते हैं।

(15) वृष लग्न में धनेश बुध यदि आठवें स्थान में हो परंतु सूर्य यदि लग्न को देखता हो तो ऐसे व्यक्ति को भूमि में गड़े हुए धन की प्राप्ति होती है अथवा लॉटरी से भी रुपया मिल सकता है। पर रुपया पास में टिकेगा नहीं।

(16) बुध एवं शनि द्वितीय स्थान में हों तो धन की प्राप्ति होती है।

(17) सूर्य वृश्चिक का हो तथा शुक्र, सिंह का हो तो ससुराल से धन प्राप्त होता है।

(18) शुक्र मिथुन का हो, बुध मीन का हो, गुरु धनु का केंद्र में हो तो जातक को यकायक अर्थ की प्राप्ति होती है।

(19) वृष लग्न हो और मंगल, बुध, गुरु साथ हों तो बुध की महादशा में जातक पर भारी कर्ज होता है।

(20) लग्न में शुक्र व मंगल हो और नवम में मकर का गुरु हो तो बुध व गुरु की दशा में जातक का भाग्योदय होगा।

(21) वृष लग्न हो, उसमें पूर्ण का चंद्रमा स्थित हो, कुंभ में शनि, सिंह में सूर्य, वृश्चिक में गुरु हो तो अधिक सम्पत्ति, वाहन व प्रभुता की प्राप्ति होती है।

(22) राहु लग्न या 2,3,4,5,8,9,11,12 भाव में से कहीं भी स्थित हो एवं मेष, वृष, मिथुन, कर्क, सिंह, वृश्चिक, मीन में से किसी में स्थित हो तो जातक अवश्य ही धनी होता है।

(23) वृष लग्न हो तथा सूर्य, बुध साथ हों तथा वृश्चिक के अतिरिक्त कहीं भी बैठे हों तो जातक बहुत बड़ा व्यापारी होता है।

(24) लाभेश द्वादश स्थान में हो या भाग्येश, दशमेश व्यय स्थान में हो तो जातक दिवालिया होता है ।

(25) बुध (द्वितीयेश) 9,10,11 भावों में हो तो जातक दिवालिया होता है ।

(26) लग्नेश शुक्र वक्री होकर 6,8,12 वें स्थानं में हो तो जातक अवश्य ही दिवालिया होता है ।

(27) चंद्रमा वृश्चिक का हो तथा लग्नेश सुख भाव में स्थित हो तो ससुराल से धन प्राप्त होगा ।

(28) लग्नेश लग्न में ही हो तथा दशम पति व चतुर्थेश परस्पर स्थान परिवर्तन करते हों तो ऐसा होने से जातक धनवान होता ही है ।

(29) सूर्य-बुध सुख भवन में, शनि-चंद्र 10 वें, मंगल वृष का हो तो जातक राजा के तुल्य ऐश्वर्य भोगता है ।

(30) वृष लग्न हो तथा नवमेश-दशमेश का संबंध भाग्य भाव में हो, चतुर्थेश-पंचमेश का संबंध चतुर्थ भाव में हो तो जातक लक्ष्याधिपति होता है ।

(31) शनि व मंगल 7 वें भाव में हो तथा उन पर अन्य ग्रहों की दृष्टि न हो तो दत्तक जाने का योग बनता है ।

(32) वृष लग्न में मंगल यदि वृश्चिक या मकर राशि में हो तो "रूचक योग" बनता है । ऐसा जातक राजा तुल्य ऐश्वर्य को भोगता हुआ अथाह भूमि, संपत्ति व धन का स्वामी होता है ।

(33) वृष लग्न में सुखेश सूर्य, लाभेश गुरु यदि नवम भाव में हो तथा नवम भाव मंगल से दृष्ट हो तो व्यक्ति को अनायास धन प्राप्ति होती है ।

(34) वृष लग्न में गुरु + चंद्र की युति मिथुन, सिंह, कन्या या मकर राशि में हो तो इस प्रकार के गजकेसरी योग के कारण व्यक्ति को अनायास उत्तम धन की प्राप्ति होती है । ऐसे व्यक्ति को लॉटरी, शेयर बाजार या अन्य व्यापारिक स्रोत से अकल्पनीय धन मिलता है ।

(35) वृष लग्न में धनेश बुध अष्टम में एवं अष्टमेश गुरु धनस्थान में परस्पर परिवर्तन करके बैठे हों तो ऐसा जातक गलत तरीके से धन कमाता है । ऐसा व्यक्ति ताश, जुआ, मटका, घुड़रेस, स्मगलिंग एवं अनैतिक कार्यों से धन अर्जित करता है ।

(36) वृष लग्न में तृतीयेश चंद्र लाभस्थान में एवं लाभेश गुरु तृतीय स्थान में परस्पर परिवर्तन करके बैठा हो तो ऐसे व्यक्ति को भाई, मित्र एवं भागीदारों से धन की प्राप्ति होती है ।

(37) वृष लग्न में बलवान बुध के साथ यदि चतुर्थेश सूर्य की युति हो तो व्यक्ति को माता द्वारा, अनुचरों द्वारा धन की प्राप्ति होती है ।

(38) वृष लग्न में यदि बलवान बुध की सूर्य से युति हो, पंचमभाव बृहस्पति से दृष्ट हो तो ऐसे व्यक्ति को पुत्र द्वारा धन की प्राप्ति होती है किंवा पुत्र जन्म लेने के बाद ही जातक का भाग्योदय होता है ।

(39) वृष लग्न में बलवान बुध की यदि षष्ठेश शुक्र से युति हो तथा धनेश बुध शनि या मंगल से दृष्ट हो तो ऐसे जातक को शत्रुओं के द्वारा धन की प्राप्ति होती है । ऐसा जातक कोर्ट-कचहरी में शत्रुओं को हराता है तथा शत्रुओं के कारण ही उसे धन व यश की प्राप्ति होती है ।

(40) वृष लग्न में बलवान बुध की सप्तमेश मंगल से युति हो तो जातक का भाग्योदय विवाह के पश्चात् होता है तथा उसे पत्नी, ससुरालपक्ष से धन की प्राप्ति होती है ।

(41) वृष लग्न में बलवान बुध की नवमेश शनि से युति हो तो ऐसा जातक राजा, राज्य सरकार से, सरकारी अधिकारियों एवं सरकारी ठेकों से काफी धन कमाता है ।

(42) वृष लग्न में बलवान बुध की दशमेश शनि से युति हो तो जातक को पैतृक सम्पत्ति, पिता द्वारा संरक्षित धन की प्राप्ति होती है अथवा पिता का व्यवसाय जातक के भाग्योदय में सहायक होता है ।

(43) वृष लग्न में दसम भवन का स्वामी शनि यदि छठे, आठवें या बारहवें स्थान में हो तो जातक को परिश्रम का पूरा लाभ नहीं मिलता, जन्म स्थान में नहीं कमा पाता तथा उसको जीवन में सदैव धन की कमी बनी रहती है ।

(44) वृष लग्न में लग्नेश बुध यदि छठे, आठवें या बारहवें स्थान में हो एवं सूर्य तुला राशि का छठे स्थान में हो तो व्यक्ति कर्जदार होता है तथा धन के मामले में सदैव कमजोर होता है ।

(45) वृष लग्न में द्वितीय भाव में यदि पापग्रह हो तथा लाभेश गुरु यदि छठे, आठवें या बारहवें स्थान में हो तो व्यक्ति दरिद्री होता है ।

(46) वृष लग्न में केंद्र स्थानों को छोड़कर चंद्रमा बृहस्पति से यदि छठे, आठवें एवं बारहवें स्थान में हो तो 'शकट योग' बनता है जिसके कारण व्यक्ति को सदैव धन का अभाव बना रहता है ।

(47) वृष लग्न में धनेश बुध अस्त हो, नीच राशि (मीन) में हो तथा धनस्थान एवं अष्टम स्थान में कोई पापग्रह हो तो व्यक्ति सदैव ऋणग्रस्त रहता है । उसके सिर से कर्जा उतरता नहीं ।

(48) वृष लग्न में लाभेश गुरु यदि छठे, आठवें या बारहवें स्थान में हो तथा लाभेश अस्तगत एवं पापपीड़ित हो तो व्यक्ति महादरिद्री होता है ।

(49) वृष लग्न में अष्टमेश गुरु वक्री होकर कहीं बैठा हो या अष्टम स्थान में कोई भी ग्रह वक्री होकर बैठा हो तो अकस्मात धन हानि का योग बनता है । अर्थात् ऐसे व्यक्ति को धन के मामले में परिस्थितिवश भारी नुकसान हो सकता है, फलस्वरूप सावधान रहें ।

(50) वृष लग्न में अष्टमेश गुरु शत्रुक्षेत्री, नीच राशिगत या अस्तगत हो तो अचानक धन की हानि होती है ।

मिथुन लग्न और धनयोग

मिथुन लग्न में जन्म लेने वाले जातकों के लिए धनप्रदाता ग्रह चंद्रमा है। धनेश चंद्र की शुभाशुभ स्थिति से धनस्थान से संबंध जोड़ने वाले ग्रहों की स्थिति एवं योगायोग, चंद्रमा एवं धनस्थान पर पड़ने वाले ग्रहों के दृष्टि संबंध से जातक की आर्थिक स्थिति, आय के स्रोतों तथा चल-अचल संपत्ति का पता चलता है। इसके अतिरिक्त लग्नेश बुध, पंचमेश शुक्र, भाग्येश शनि एवं लग्नेश मंगल की अनुकूल स्थितियां मिथुन लग्न वालों के लिए धन, ऐश्वर्य एवं वैभव क़ो बढ़ाने में पूर्णरूप से सहायक होती हैं।

वैसे मिथुन लग्न के लिए मंगल, गुरु, शनि और सूर्य अशुभ हैं। अकेला शुक्र शुभ है। चंद्रमा मारकेश होते हुए भी मारक का काम नहीं करेगा। रवि निष्फल है। मंगल षष्टेश और लाभेश होने से अशुभ और राजयोग भंग करने वाला बन गया है। मिथुन लग्न में गुरु को केंद्राधिपत्य दोष लगने से वह शुभ फल नहीं दे पाता। शनि अष्टमेश व नवमेश होने से पूर्ण योगफलदायक नहीं है। सूर्य व मंगल परमपापी हैं।

सफल योग —बुध + शुक्र
निष्फल योग —1. गुरु + शुक्र, 2. गुरु + शनि, 3. बुध + शनि
अशुभ योग —1. बुध + मंगल, 2. बुध + गुरु, 3. बुध + सूर्य
राजयोगकारक —बुध, शुक्र, चंद्र
लक्ष्मी योग —मंगल नवम में, शुक्र सप्तम में, चंद्रमा केंद्र-त्रिकोण में।

विशेष योगायोग—

(1) मिथुन लग्न में चंद्रमा कर्क या वृष राशि में हो तो जातक धनवान होता है ।

(2) मिथुन लग्न में चंद्रमा शनि के घर कुंभ राशि में हो तो शनि चंद्रमा के घर कर्क राशि में हो तो जातक अपने भाग्य के बल पर खूब रुपया कमाता तथा लक्ष्मीपति होता है ।

(3) मिथुन लग्न में पंचम स्थान में शुक्र हो, लाभस्थान में मंगल हो तो व्यक्ति बहुत सारी भू-संपत्ति का स्वामी होता हुआ प्रतिष्ठित धनवान होता है ।

(4) मिथुन लग्न में बुध हो, बुध के साथ शुक्र या शनि हो अथवा शुक्र, शनि लग्न को देखते हों तो व्यक्ति शहर का प्रतिष्ठित धनवान होता है तथा अपने स्वयं के पुरुषार्थ से आगे बढ़ता है ।

(5) मिथुन लग्न में शनि, कुंभ का तुला राशि में हो तो जातक अल्प प्रयत्न से बहुत धन कमाता है । ऐसा व्यक्ति धन के मामले में भाग्यशाली कहलाता है ।

(6) मिथुन लग्न में चंद्रमा मेष राशि में तथा मंगल कर्क राशि में परस्पर परिवर्तन करके बैठे हों तो ऐसा जातक महाभाग्यशाली होता है तथा जीवन में अत्यधिक धन अर्जित करता है ।

(7) मिथुन लग्न में बृहस्पति यदि केंद्र त्रिकोण में हो तथा चंद्रमा स्वगृही होकर धनस्थान में मंगल के साथ हो या मंगल चंद्रमा के सामने भाग्यस्थान (कुंभ राशि) में हो तो जातक कीचड़ में कमल की तरह खिलता है अर्थात् सामान्य परिवार में ज़न्म लेकर भी व्यक्ति 28 वर्ष की आयु के बाद भारी धन-संपत्ति का स्वामी हो जाता है ।

(8) मिथुन लग्न में लग्नस्थ बुध, गुरु या शनि से युत किंवा दृष्ट हो तो जातक महाधनी होता है ।

(9) मिथुन लग्न हो, स्वराशि का शुक्र पंचम भाव में हो, शनि लाभ स्थान में हो तो जातक लक्ष्मीवान होता है ।

(10) मिथुन लग्न में बुध मेषराशि में हो तथा मंगल लग्न में हो तो जातक 33 वें वर्ष में पांच लाख रुपए कमा लेता है तथा शत्रुओं का नाश करते हुए स्वअर्जित धन लक्ष्मी को भोगता है । ऐसे व्यक्ति को जीवन में अचानक रुपया मिलता है ।

(11) मिथुन लग्न हो, लग्नेश बुध, धनेश चंद्र, भाग्येश शनि तथा लाभेश मंगल

अपनी-अपनी उच्च एवं स्वराशियों में हो तो जातक करोड़पति होता है ।

(12) मिथुन लग्न के चतुर्थ भाव में राहु, शुक्र, मंगल और शनि की युति हो तो जातक अरबपति होता है ।

(13) मिथुन लग्न में धनेश चंद्रमा यदि छठे, आठवें, बारहवें स्थान में हो तो "धनहीनयोग" की सृष्टि होती है । जिस प्रकार घड़े में छिद्र होने के कारण उसमें पानी नहीं ठहर पाता, ठीक उसी प्रकार ऐसे जातक के पास धन नहीं ठहर पाता । इस दुर्योग की निवृत्ति हेतु जातक को गले में अभियंत्रित "चंद्रयंत्र" धारण करना चाहिए ।

(14) मिथुन लग्न में धनेश चंद्रमा यदि आठवें हो परंतु सूर्य यदि लग्न को देखता हो तो ऐसे व्यक्ति को भूमि में गड़े हुए धन की प्राप्ति होती है अथवा लॉटरी से भी रुपया निकल सकता है पर रुपया पास में टिकेगा नहीं ।

(15) चंद्रमा स्व का हो तो पैतृक धन की प्राप्ति होती है ।

(16) द्वितीयेश उच्च स्थान में बैठा हो तो पैतृक धन की प्राप्ति होती है ।

(17) षष्ठेश, पंचमेश की युति होने से दरिद्र योग बनता है ।

(18) बुध सप्तम भाव में हो तथा द्वादशेश चतुर्थ भवन में हो तो जातक को ससुराल से अर्थ प्राप्ति होती है ।

(19) बलवान धनेश सातवें हो तथा शुक्र द्वारा देखा जाता हो तो ससुराल से धन की प्राप्ति होती है ।

(20) यदि बुध व चंद्रमा 10 वें स्थान पर हो तो यकायक अर्थ प्राप्ति होती है ।

(21) मिथुन लग्न में गुरु, शनि व मंगल लग्न में हो तो जमींदार योग होता है ।

(22) दिन का जन्म हो, मिथुन लग्न हो, चंद्रमा मित्र के नवांश में हो तो धन-सुख मिलता है ।

(23) मिथुन लग्न हो, गुरु, चंद्र की युति कर्क में हो तो 'गजकेसरी योग' होता है । जातक विवेकी, सद्गुणी, नम्र, एवं धनी होता है ।

(24) मिथुन लग्न हो, शनि स्व (कुंभ) का त्रिकोण में पड़ा हो तथा दशमेश गुरु पंचम भाव में बैठकर यदि 'सुरपति योग' बनाता है । ऐसा जातक अतुल ऐश्वर्य प्राप्त करता है ।

(25) मिथुन लग्न में मंगल लाभस्थान में यदि मेषराशि का हो तो "रूचकयोग" बनता है । ऐसा जातक राजा तुल्य ऐश्वर्य को भोगता हुआ अथाह भूमि, संपत्ति व धन का स्वामी होता है ।

(26) मिथुन लग्न में सुखेश बुध, लाभेश मंगल नवम भाव में शुभ ग्रहों से दृष्ट हो तो व्यक्ति को अनायास धन की प्राप्ति होती है ।

(27) मिथुन लग्न में गुरु + चंद्र की युति कर्क, कन्या, तुला या कुंभ राशि में हो तो इस प्रकार के गजकेसरी योग के कारण व्यक्ति को अनायास उत्तम धन की प्राप्ति होती है । ऐसे व्यक्ति को लॉटरी, शेयर बाजार या अन्य व्यापारिक स्रोत से अकल्पनीय धन मिलता है ।

(28) मिथुन लग्न में, धनेश चंद्रमा अष्टम में एवं अष्टमेश शुक्र धनस्थान में परस्पर परिवर्तन करके बैठे हों तो ऐसा जातक गलत तरीके से धन कमाता है । ऐसा व्यक्ति ताश, जुआ, मटका, घुड़रेस, स्मगलिंग एवं अनैतिक कार्यों से धन कमाता है ।

(29) मिथुन लग्न में तृतीयेश सूर्य लाभस्थान में एवं लाभेश मंगल तृतीय स्थान में परस्पर परिवर्तन करके बैठा हो तो ऐसे व्यक्ति को भाई, मित्र एवं भागीदारों के द्वारा धन की प्राप्ति होती है ।

(30) मिथुन लग्न में बलवान चंद्र के साथ यदि चतुर्थेश बुध की युति हो तो व्यक्ति माता के द्वारा, वाहन व नौकरों के द्वारा धन अर्जित करता है ।

(31) मिथुन लग्न में तृतीयेश सूर्य उच्च का लाभस्थान में हो तथा लग्नेश लाभेश का परस्पर परिवर्तन योग हो तो जातक प्रकाशन कार्य एवं बुद्धि वैचित्र्य से करोड़ों रुपए कमाता है ।

(32) मिथुन लग्न में धनेश चंद्रमा (धनभाव) अर्थात् अपने घर को देखता हो । लग्नेश बुध उच्च का केंद्र में हो । लग्न स्थान या लग्नेश पर शुक्र की दृष्टि हो तो जातक कुबेर के समान करोड़ों का स्वामी होता है ।

(33) मिथुन लग्न में यदि बलवान चंद्र पंचमेश शुक्र के साथ हो, धनभाव शुभ ग्रहों से दृष्ट हो तो ऐसे व्यक्ति को पुत्र संतान द्वारा धन की प्राप्ति होती है किंवा पुत्र जन्म के बाद ही जातक का भाग्योदय होता है ।

(34) मिथुन लग्न में बलवान चंद्र यदि षष्टेश मंगल के साथ है तथा धनेश चंद्र शनि से दृष्ट हो तो ऐसे जातक को शत्रुओं के मान-मर्दन से धन की प्राप्ति होती है । ऐसा जातक कोर्ट-कचहरी में शत्रुओं को हराता है तथा शत्रुओं के कारण ही उसे धन व यश की प्राप्ति होती है ।

(35) मिथुन लग्न में बलवान चंद्र की सप्तमेश गुरु से युति हो तो जातक का भाग्योदय विवाह के बाद होता है तथा उसे पत्नी, ससुराल पक्ष से धन की प्राप्ति होती है ।

(36) मिथुन लग्न में बलवान चंद्र की नवमेश शनि के साथ युति हो, शुभ ग्रह उसे

देखते हों तो ऐसे जातक को राजा से, राज्य सरकार, सरकारी अधिकारियों एवं सरकारी अनुबंध (ठेके) से काफी धन की प्राप्ति होती है ।

(37) मिथुन लग्न में बलवान चंद्र की दसमेश गुरु से युति हो तो जातक को पैतृक संपत्ति, पिता द्वारा संरक्षित धन की प्राप्ति होती है अथवा पिता का व्यवसाय जातक के भाग्योदय में सहायक होता है ।

(38) मिथुन लग्न में दसम भाव का स्वामी बृहस्पति यदि छठे, आठवें या बारहवें स्थान में हो तो जातक को परिश्रम का पूरा लाभ नहीं मिलता । जातक जन्मस्थान पर नहीं कमा पाता तथा उसे सदैव धन की कमी बनी रहती है ।

(39) मिथुन लग्न में लग्नेश बुध यदि छठे, आठवें या बारहवें स्थान में हो एवं सूर्य, वृश्चिक, मकर या वृष राशि में हो तो व्यक्ति कर्जदार होता है तथा धन के मामले में कमजोर होता है ।

(40) मिथुन लग्न के द्वितीय भाव में पापग्रह हो तथा लाभेश मंगल यदि छठे, आठवें एवं बारहवें स्थान में हो तो व्यक्ति दरिद्री होता है ।

(41) मिथुन लग्न में केंद्र स्थानों को छोड़कर चंद्रमा बृहस्पति से यदि छठे, आठवें एवं बारहवें स्थान में हो तो 'शकटयोग' बनता है जिसके कारण व्यक्ति को सदैव धन का अभाव बना रहता है ।

(42) मिथुन लग्न में धनेश चंद्र अस्त हो, नीचराशि (वृश्चिक) में हो तथा धनस्थान एवं अष्टम स्थान में कोई पापग्रह हो तो व्यक्ति सदैव ऋणग्रस्त रहता है । कर्ज उसके सिर से उतरता ही नहीं ।

(43) मिथुन लग्न में लाभेश मंगल यदि छठे, आठवें या बारहवें स्थान में हो तथा लाभेश अस्तगत हो तथा पापपीड़ित हो तो जातक महादरिद्री होता है ।

(44) मिथुन लग्न में अष्टमेश शनि वक्री होकर कहीं बैठा हो या अष्टम स्थान में कोई ग्रह वक्री होकर बैठा हो तो अकस्मात धन हानि का योग बनता है । अर्थात् ऐसे व्यक्ति को धन के मामले में परिस्थितिवश अचानक भारी नुकसान हो सकता है । सावधान रहें एवं बचाव का उपाय करें ।

(45) मिथुन लग्न में अष्टमेश शनि शत्रुक्षेत्री, नीच राशिगत या अस्त हो तो अचानक धन की हानि होती है ।

कर्क लग्न और धनयोग

कर्क लग्न में जन्म लेने वाले जातकों के लिए धनप्रदाता ग्रह सूर्य है। धनेश सूर्य की शुभाशुभ स्थिति से धन स्थान से संबंध जोड़ने वाले ग्रहों की स्थिति एवं योगायोग, सूर्य एवं धनस्थान पर पड़ने वाले ग्रहों के दृष्टि संबंध से जातक की आर्थिक स्थिति, आय के स्रोतों तथा चल-अचल संपत्ति का पता चलता है। इसके अतिरिक्त लग्नेश चंद्र पंचमेश एवं दसमेश मंगल, भाग्येश बृहस्पति, शुक्र की अनुकूल स्थितियां कर्क लग्न वालों के लिए धन, ऐश्वर्य एवं वैभव को बढ़ाने में सहायक होती हैं।

वैसे कर्क लग्न के लिए शुक्र, शनि व बुध परमपापी अशुभ हैं। गुरु, सूर्य शुभ हैं। इस लग्न में मंगल अकेला राजयोगकारक है। सूर्य मारकेश होकर भी स्वयं मारक का काम नहीं करेगा। शुक्र सहायक मारकेश का काम करेगा। सूर्य साहचर्य से मारक का फल देगा। गुरु पापी होने पर भी योग कारक है।

सफलयोग —1. चंद्र + मंगल, 2. चंद्र + गुरु, 3. मंगल + गुरु, 4. मंगल + शनि

निष्फलयोग —1. गुरु + शुक्र, 2. गुरु + शनि

अशुभयोग —1.मंगल + शुक्र

राजयोगकारक —केवल मंगल ही है।

लक्ष्मीयोग —मंगल केंद्र-त्रिकोण में, सूर्य द्वितीय, पंचम या नवम में चंद्रमा लग्न या एकादश में।

विशेष योगायोग—

(1) कर्क लग्न में सूर्य, सिंह या मेष राशि में हो तो जातक धनाध्यक्ष होता है । धन के मामले में लक्ष्मी उसका पीछा नहीं छोड़ती ।

(2) कर्क लग्न में धनेश सूर्य, मीन राशि में तथा बृहस्पति, सिंह राशि में परस्पर राशि परिवर्तन करके बैठे हों तो जातक भाग्यशाली होता है तथा अत्यधिक धन कमाता हुआ लक्ष्मीवान होता है ।

(3) कर्क लग्न में बृहस्पति कर्क या मीन राशि में हो तो जातक अल्प प्रयत्न से बहुत धन कमाता है । ऐसा जातक धन के मामले में भाग्यशाली होता है ।

(4) कर्क लग्न में सूर्य शुक्र के घर में तथा शुक्र सूर्य के घर में अर्थात् सूर्य वृष या तुला राशि में तथा शुक्र सूर्य में परस्पर परिवर्तन करके बैठे हों तो व्यक्ति महाभाग्यशाली होता है तथा जीवन में अत्यधिक धन अर्जित करता है ।

(5) कर्क लग्न में मंगल केंद्र या त्रिकोण में कहीं भी चंद्रमा के साथ हो तो जातक 28 वर्ष की आयु के बाद खूब धन कमाता है तथा कीचड़ में कमल की तरह खिलता हुआ सामान्य परिवार में जन्म लेकर धीरे-धीरे प्रचुर मात्रा में द्रव्य कमाता हुआ लक्षाधिपति एक करोड़पति तक हो जाता है ।

(6) कर्क लग्न में चंद्रमा गुरु एवं मंगल के साथ हो किंवा दृष्ट हो तो जातक महाधनी होता है तथा व्यक्ति धनशाली व्यक्तियों में अग्रगण्य होता है ।

(8) कर्क लग्न में स्वगृही मंगल पंचम भाव में हो तथा लाभ स्थान स्वगृही हो तो व्यक्ति महालक्ष्मीवान होता है ।

(9) कर्क लग्न में चंद्रमा यदि वृष राशि में हो तथा शुक्र कर्क राशि में हो तो जातक 33वें वर्ष में पांच लाख रुपए कमा लेता है तथा शत्रुओं का नाश करते हुए, स्वअर्जित धनलक्ष्मी को भोगता है । ऐसे व्यक्ति को जीवन में अचानक रुपया मिलता है ।

(10) कर्क लग्न में लग्नेश चंद्रमा, धनेश सूर्य, भाग्येश बृहस्पति, लाभेश शुक्र अपनी-अपनी उच्च एवं स्वराशियों में हो तो जातक करोड़पति होता है ।

(11) कर्क लग्न में धनेश सूर्य यदि छठे, आठवें या बारहवें स्थान में हो तो धनहीन योग की सृष्टि होती है । जिस प्रकार घड़े में छिद्र होने पर उसमें पानी नहीं ठहर पाता, ठीक उसी प्रकार से ऐसे व्यक्ति के पास धन नहीं ठहर पाता । सदैव रुपयों की कमी रहती है । इस दुर्योग की निवृत्ति हेतु ऐसे जातक को गले में अभियंत्रित "सूर्ययंत्र" धारण करना चाहिए । पाठक चाहें

तो यह यंत्र हमारे कार्यालय से प्राप्त कर सकते हैं ।

(12) कर्क लग्न में धनेश सूर्य यदि आठवें हो तथा लग्नेश चंद्रमा व शुभ ग्रह उसे देखते हों तो जातक को गढ़े हुए धन की प्राप्ति होती है या लॉटरी से रुपया मिल सकता है पर यह रुपया उसके पास टिकता नहीं है ।

(13) कर्क लग्न हो । चंद्रमा, पंचमेश, मंगल व भाग्येश गुरु दूसरे भाव में हों तथा शुक्र, सूर्य वृश्चिक राशिस्थ हों तो जातक भिक्षुक के घर में जन्म लेकर भी करोड़पति बनता है ।

(15) बुध शुक्र के साथ पंचम भाव में हो तो बुध अपनी दशा व अंतर्दशा में अर्थ प्राप्ति करवाता है ।

(16) सूर्य स्वराशिस्थ, बुध तीसरे भाव में उच्च राशि में, गुरु भी तृतीय भाव में मंगल छठे धनु राशि में हो तो जातक अपने बाहुबल से श्रेष्ठ अर्थ प्राप्त करता है एवं लखपति होता है ।

(17) बुध, शुक्र 12 वें भाव में हों तो शुक्र की दशा में जातक ख्याति, यश एवं धन लाभ करता है ।

(18) धनेश यदि धनभाव या केंद्र त्रिकोण में हो तो धन की वृद्धि व 6,8,12 इन स्थानों में हो तो धन की हानि होती है ।

(19) धनेश सूर्य व लाभेश शुक्र दोनों ही अस्त हों या पापयुक्त हों तो जन्म से ही जातक धनहीन होता है ।

(20) सूर्य, शुक्र षष्ठ स्थान में हों, गुरु मिथुन का हो, चंद्रमा तृतीय हो तो जातक करोड़पति होता है ।

(21) बुध, गुरु-सूर्य के साथ ही, शनि की पूर्ण सृष्टि हो, राहु भाग्य भवन में हो तो जातक करोड़पति बनता है ।

(22) चंद्रमा वृश्चिक का नीच, सूर्य तुला का सुख भाव में नीच का चंद्रमा से दशम में शुक्र, मंगल हो तो जातक अतुल धनवान, लक्ष्मीवान होता है ।

(23) गुरु पंचम, चंद्रमा सप्तम में, मंगल तुला का हो, सूर्य भी गुरु के साथ हो तो जातक करोड़पति होता है ।

(24) गुरु लाभ भाव में हो तथा चंद्रमा गुरु के साथ हो । सूर्य लग्न में हो, बुध, शुक्र की युति द्वितीय भाव में हो तो जातक को देव कृपा से अर्थ-लाभ होता है ।

(25) शुक्र, मिथुन का हो द्वादश भाव में, लग्न में सूर्य, तृतीयेश बुध हो तो जातक साधारण अर्थोपार्जन कर आजीविका चलाता है ।

(26) कर्क लग्न में मंगल यदि मेष, वृश्चिक या मकर राशि में हो तो

"रूचकयोग" बनता है। ऐसा जातक राजातुल्य ऐश्वर्य को भोगता हुआ अथाह भूमि, संपत्ति व धन का स्वामी होता है।

(27) कर्क लग्न में सुखेश शुक्र, नवम भाव में शुभ ग्रह से युति किए हुए मंगल से दृष्ट हो तो व्यक्ति को अनायास धन की प्राप्ति होती है।

(28) कर्क लग्न में गुरु + चंद्र की युति सिंह, तुला, वृश्चिक या मीन राशि में हो तो इस प्रकार के 'गजकेसरी योग' के कारण व्यक्ति को अनायास उत्तम धन की प्राप्ति होती है। ऐसे व्यक्ति को लॉटरी, शेयर बाजार या अन्य व्यापारिक स्रोत से अकल्पनीय धन मिलता है।

(29) कर्क लग्न में धनेश सूर्य अष्टम में तथा अष्टमेश शनि धनस्थान में परस्पर परिवर्तन करके बैठे हों तो ऐसा जातक गलत तरीके से धन कमाता है। ऐसा व्यक्ति ताश, जुआ, मटका, घुड़रेस, स्मगलिंग एवं अनैतिक कार्यों से धन अर्जित करता है।

(30) कर्क लग्न में तृतीयेश बुध लाभस्थान में एवं लाभेश शुक्र, तृतीय स्थान में परस्पर परिवर्तन करके बैठे हों तो ऐसे व्यक्ति को भाई, मित्र, भागीदारी, लेखनी, प्रकाशन एवं बुद्धिबल के द्वारा धन की प्राप्ति होती है।

(31) कर्क लग्न में बलवान सूर्य के साथ यदि चतुर्थेश शुक्र की युति हो तो व्यक्ति माता के द्वारा, नौकर एवं वाहन के द्वारा धन अर्जित करता है।

(32) कर्क लग्न में बुध कन्या राशि में हो तो जातक कुशल भविष्यवक्ता होता है और बुद्धिबल से खूब रुपया कमाता है।

(33) कर्क लग्न में सूर्य + चंद्रमा कुंभ राशि में हो तथा तीन-चार ग्रह नीच के हों तो व्यक्ति करोड़पति के घर में जन्म लेकर भी दरिद्री होता है।

(34) कर्क लग्न में यदि बलवान सूर्य की पंचमेश मंगल से युति हो, द्वितीय भाव शुभ ग्रह से दृष्ट हो तो ऐसे व्यक्ति को पुत्र के द्वारा धन की प्राप्ति होती है, किंवा पुत्र जन्म बाद ही जातक का भाग्योदय होता है।

(35) कर्क लग्न में बलवान सूर्य की यदि षष्ठेश गुरु से युति हो तथा धनेश सूर्य शनि या मंगल से दृष्ट हो तो ऐसे जातक को शत्रुओं के द्वारा धन की प्राप्ति होती है। ऐसा जातक कोर्ट कचहरी में शत्रुओं को हराता है तथा शत्रुओं के कारण ही उसे धन व यश की प्राप्ति होती है।

(36) कर्क लग्न में बलवान सूर्य यदि सप्तमेश शनि के साथ हो तो जातक का भाग्योदय विवाह के बाद होता है तथा उसे पत्नी, ससुरालपक्ष से चल-अचल संपत्ति की प्राप्ति होती है।

(37) कर्क लग्न में बलवान सूर्य की नवमेश गुरु से युति हो तो ऐसा जातक राजा

से, राज्य सरकार, सरकारी अधिकारियों एवं अनुबंधनों से काफी धन कमाता है ।

(38) कर्क लग्न में बलवान सूर्य दसमेश मंगल के साथ हो तो जातक को पैतृक संपत्ति, पिता द्वारा संरक्षित धन की प्राप्ति होती है अथवा पिता का व्यवसाय जातक के भाग्योदय में सहायक होता है ।

(39) कर्क लग्न में दसम भाव का स्वामी मंगल यदि छठे, आठवें या बारहवें स्थान में हो तो जातक को परिश्रम का पूरा लाभ नहीं मिलता, जन्मस्थान में कमाई नहीं होती तथा जातक को सदैव धन का अभाव बना रहता है ।

(40) कर्क लग्न में लग्नेश चंद्रमा यदि छठे, आठवें या बारहवें स्थान में हो एवं सूर्य अष्टम स्थान में कुंभ राशि का हो तो व्यक्ति कर्जदार होता है । उसकी आर्थिक स्थिति सदैव दयनीय होती है ।

(41) कर्क लग्न के द्वितीय भाव में पापग्रह हो तथा लाभेश शुक्र यदि छठे, आठवें या बारहवें भाव में हो तो व्यक्ति दरिद्री होता है ।

(42) कर्क लग्न में केंद्र स्थानों को छोड़कर चंद्रमा बृहस्पति से यदि छठे, आठवें या बारहवें स्थान में हो तो 'शकट योग' बनता है जिसके कारण व्यक्ति को सदैव धन का अभाव बना रहता है ।

(43) कर्क लग्न में धनेश सूर्य अस्त हो, नीचराशि (तुला) में हो तथा धन स्थान या अष्टमस्थान में कोई पापग्रह हो तो व्यक्ति सदैव ऋणग्रस्त रहता है । कर्ज उसके सिर से उतरता नहीं ।

(44) कर्क लग्न में लाभेश शुक्र यदि छठे, आठवें या बारहवें स्थान में हो, लाभेश अस्तगत या पापपीड़ित हो तो व्यक्ति महादरिद्री है ।

(45) कर्क लग्न में अष्टमेश शनि वक्री होकर कहीं भी बैठा हो या अष्टम स्थान में कोई भी ग्रह वक्री होकर बैठा हो तो अकस्मात धन हानि का योग बनता है । अत: ऐसे व्यक्ति को धन के मामले में परिस्थितिवश अचानक भारी नुकसान हो सकता है । अत: सावधान रहें ।

(46) कर्क लग्न में अष्टमेश शनि शत्रुक्षेत्री, नीच राशिगत या अस्त हो तो अचानक धन की हानि होती है ।

सिंह लग्न और धनयोग

सिंह लग्न में जन्म लेने वाले जातकों के लिए धनप्रदाता ग्रह बुध होता है। धनेश बुध की शुभाशुभ स्थिति से, धन स्थान से संबंध जोड़ने वाले ग्रहों की स्थिति एवं योगायोग, बुध एवं धनस्थान पर पड़ने वाले ग्रहों के दृष्टि संबंध से जातक की आर्थिक स्थिति, आय के स्रोतों तथा चल-अचल संपत्ति का पता चलता है। इसके अतिरिक्त लग्नेश सूर्य, पंचमेश गुरु, भाग्येश मंगल की अनुकूल स्थितियां सिंह लग्न वालों के लिए धन, ऐश्वर्य एवं वैभव को बढ़ाने में सहायक होती हैं।

वैसे सिंह लग्न के लिए शनि, बुध परमपापी व मुख्य मारकेश का काम करेगा। चंद्रमा साहचर्य से अशुभ फल देगा। सूर्य शुभ फलदायक है। सुखेश व नवमेश मंगल अति शुभकारक हैं।

शुभयोग	—गुरु + मंगल, मंगल + सूर्य
अशुभयोग	—1. गुरु + शुक्र, 2. मंगल + शुक्र, 3. सूर्य + शनि
निष्फलयोग	—1. मंगल + शनि, 2. गुरु + शुक्र, 3. गुरु + शनि
सफलयोग	— 1. सूर्य + मंगल, 2.सूर्य + गुरु, 3. मंगल + गुरु,
राजयोग कारक	—गुरु व मंगल
लक्ष्मीयोग	—बुध द्वितीय नवम या एकादश में, सूर्य या शुक्र सप्तम में, शुक्र पंचम में,

विशेष योगायोग—

(1) सिंह लग्न में बुध, मिथुन या कन्या राशि में हो तो जातक धनाध्यक्ष होता है, लक्ष्मी उसका पीछा नहीं छोड़ती ।

(2) सिंह लग्न में बुध, शुक्र के घर में तथा शुक्र, बुध के घर में परस्पर राशि परिवर्तन करके बैठे हों तो ऐसा व्यक्ति भाग्यशाली होता है तथा खूब धन कमाता है ।

(3) सिंह लग्न में मंगल मेष या वृश्चिक राशि का हो तो जातक अल्प प्रयत्न से ही बहुत धन कमाता है । ऐसा व्यक्ति धन के मामले में भाग्यशाली होता है ।

(4) सिंह लग्न में बुध, मंगल के घर में तथा मंगल, बुध के घर में अर्थात् बुध, मेष या वृश्चिक राशि में हो तथा मंगल, मिथुन या कन्या राशि में हो तो व्यक्ति महाभाग्यशाली होता है । लक्ष्मी चेरी की तरह उसकी दासी बनी रहती है ।

(5) सिंह लग्न में शुक्र यदि केंद्र-त्रिकोण में हो तथा बुध स्वगृही होकर मिथुन या कन्या राशि में हो तो जातक कीचड़ में कमल की तरह खिलता है अर्थात् सामान्य परिवार में जन्म लेकर व्यक्ति धीरे-धीरे अपने पराक्रम व पुरुषार्थ से लक्षाधिपति व कोट्याधिपति हो जाता है ।

(6) सिंह लग्न में सूर्य हो तथा गुरु एवं मंगल से युत किंवा दृष्ट हो तो जातक महाधनी होता है तथा धनशाली व्यक्तियों में अग्रगण्य होता है ।

(7) सिंह लग्न में पंचमस्थ बृहस्पति स्वगृही हो तथा लाभस्थान में चंद्र मंगल हो तो जातक महालक्ष्मीवान होता है ।

(8) सिंह लग्न हो, पंचम बृहस्पति तथा लाभस्थान में बुध स्वगृही हो तो महालक्ष्मी योग बनता है । ऐसा जातक लक्षाधिपति होता है ।

(9) सिंह लग्न में सूर्य, मिथुन राशि में हो तथा बुध लग्न में सिंह राशि में हो तो जातक 33वें वर्ष में पांच लाख रुपये कमा लेता है तथा शत्रुओं का नाश करते हुए स्वअर्जित धनलक्ष्मी को भोगता है । ऐसे व्यक्ति को जीवन में अचानक रुपया मिलता है ।

(10) सिंह लग्न हो, लग्नेश सूर्य, धनेश बुध, भाग्येश मंगल अपनी-अपनी उच्च व स्वराशि में हो तो जातक करोड़पति होता है ।

(11) सिंह लग्न के द्वितीया स्थान में राहु, शुक्र, मंगल और शनि की युति हो तो जातक अरबपति होता है ।

(12) सिंह लग्न में धनेश बुध यदि छठे, आठवें और बारहवें स्थान में हों तो "धनहीन योग" की सृष्टि होती है । जिस प्रकार घड़े में छिद्र होने के कारण उसमें पानी नहीं ठहर पाता, ठीक उसी प्रकार ऐसे व्यक्ति के पास धन नहीं ठहर पाता । सदैव रुपयों की कमी बनी रहती है । इस योग की निवृत्ति हेतु गले में अभियंत्रित "बुधयंत्र" धारण करना चाहिए। पाठक चाहें तो "बुधयंत्र" हमारे कार्यालय में प्राप्त कर सकते हैं ।

(13) सिंह लग्न में धनेश बुध यदि आठवें हो तथा सूर्य यदि लग्न में हो तो जातक को भूमि में गढ़े हुए धन की प्राप्ति होती है या लॉटरी से रुपया मिलता है पर रुपया पास में टिकता नहीं ।

(14) लग्नेश व द्वितीयेश यदि तुला राशि में हो तो जातक को भाइयों का पूर्ण सहयोग प्राप्त होता है और भाइयों द्वारा कमाया गया धन भोगता है ।

(15) शुक्र सूर्य के नवांश में हो तो जातक ऊन, दवा, घास, धान, सोना, मोती आदि के व्यापार से अर्थ उपार्जित करता है ।

(16) लग्न में गुरु, 10 दसवें बुध या 4-7 वें केंद्र स्थानों में बुध एवं उसे नवमेश देखता हो तो जातक लक्ष्मीवान होता है ।

(17) राहु वृष राशि का हो, शनि लाभ भाव में तथा भाग्येश उसे देख रहा हो । लग्नेश नीचस्थ ग्रह से युत न हो तो जातक आनंदमय जीवन व्यतीत करता है । उसे आर्थिक चिंता कभी नहीं रहती ।

(18) मंगल उच्च का हो उसे सूर्य, चंद्र व गुरु देखते हों तो जातक को पूर्ण वाहन सुख, पारिवारिक एवं आर्थिक सुख मिलता है ।

(19) चंद्रमा व शनि दशम भाव में हों या सुख स्थान में हो तो 'ब्रह्मांड योग' होता है । जातक अतुल धन संपदा प्राप्त करता है ।

(20) चंद्रमा मकर का तथा चंद्रमा के साथ सुयोग हो, उसे शनि देखे तो जातक दुःखी, परेशान, चिंतित व दरिद्र-जीवन व्यतीत करता है ।

(21) लग्नेश लग्न में हो तथा दशमेश चतुर्थ में एवं चतुर्थ भाव का स्वामी दशम भाव में हो तो जातक उच्च पद प्राप्त करता है । आर्थिक दृष्टि से संपन्न होता है ।

(22) सूर्य, मंगल, बुध भी आय भवन में मिथुन राशि में स्थित हो तो जातक धनाढ्य होता है ।

(23) सिंह लग्न हो तथा शुक्र, गुरु कहीं भी एक साथ बैठ जाएं तो लखपति होने पर भी कंगाल बनना पड़ता है । यदि शुक्र, गुरु, बुध तीनों मेषस्थ हों तो कुबेर को भी कंगाल होना पड़ता है ।

(24) अष्टमेश गुरु 4,5,9,10 स्थानों में और लग्नेश निर्बल हो तो जातक दिवालिया होता है ।

(25) सिंह लग्न में मंगल मेष या वृश्चिक राशि में हो तो 'रूचकयोग' बनता है । ऐसा जातक राजा तुल्य ऐश्वर्य को भोगता हुआ अथाह भूमि, संपत्ति व धन का स्वामी होता है ।

(26) सिंह लग्न में सुखेश मंगल, लाभेश बुध नवमभाव में शुभ ग्रह से दृष्ट हो तो ऐसे जातक को अनायास धन की प्राप्ति होती है ।

(27) सिंह लग्न में गुरु+चंद्र की युति कन्या, वृश्चिक, धनु या मेष राशि में हो तो इस प्रकार के गजकेसरी योग के कारण व्यक्ति को अनायास उत्तम धन की प्राप्ति होती है । ऐसे व्यक्ति को लॉटरी, शेयर बाजार या अन्य व्यापारिक स्त्रोत से अकल्पनीय धन मिलता है ।

(28) सिंह लग्न में धनेश बुध अष्टम में एवं अष्टमेष गुरु धनस्थान में परस्पर परिवर्तन करके बैठे हों तो ऐसा व्यक्ति ताश, जुआ, मटका, घुड़रेस, स्मगलिंग एवं अनैतिक कार्यों से धन अर्जित करता है ।

(29) सिंह लग्न में तृतीयेश शुक्र लाभस्थान में एवं लाभेश बुध तृतीय स्थान में परस्पर परिवर्तन करके बैठा हो तो ऐसे व्यक्ति को भाई, मित्र एवं भागीदारों द्वारा धन की प्राप्ति होती है ।

(30) सिंह लग्न में बलवान बुध के साथ यदि चतुर्थेश मंगल की युति हो तो व्यक्ति को माता, नौकर, वाहन, भूमि एवं भवन के द्वारा धन की प्राप्ति होती है ।

(31) सिंह लग्न में यदि बलवान बुध के साथ पंचमेश गुरु हो तथा द्वितीय भाव शुभ ग्रहों से दृष्ट हों तो ऐसे व्यक्ति को पुत्र द्वारा धन की प्राप्ति होती है किंवा पुत्र जन्म के बाद ही जातक का भाग्योदय होता है ।

(32) सिंह लग्न में बलवान बुध की यदि षष्टेश शनि से युति हो तथा धन भाव मंगल से दृष्ट हो तो ऐसे जातक को शत्रुओं के द्वारा धन की प्राप्ति होती है । ऐसा जातक कोर्ट-कचहरी में शत्रुओं को हराता है तथा शत्रुओं के कारण ही उसे धन व यश की प्राप्ति होती है ।

(33) सिंह लग्न में बलवान बुध की सप्तमेश शनि से युति हो तो जातक का भाग्योदय विवाह के बाद होता है तथा उसे पत्नी, ससुराल पक्ष से धन की प्राप्ति होती है ।

(34) सिंह लग्न में बलवान बुध की नवमेश मंगल से युति हो तो जातक राजा से, राज्य सरकार से, सरकारी अधिकारियों एवं सरकारी अनुबंध (ठेके) से

काफी रुपया कमाता है।

(35) सिंह लग्न में बलवान बुध की दसमेश शुक्र से युति हो तो जातक को पैतृक सम्पत्ति, पिता द्वारा संपादित धन की प्राप्ति होती है अथवा पिता का व्यवसाय जातक के भाग्योदय में सहायक होता है।

(36) सिंह लग्न में दशम भवन का स्वामी शुक्र यदि छठे, आठवें या बारहवें स्थान में हो तो जातक को परिश्रम का पूरा लाभ नहीं मिलता। जन्म स्थान में जातक नहीं कमा पाता, उसे धन की सदैव कमी बनी रहती है।

(37) सिंह लग्न में लग्नेश सूर्य यदि छठे, आठवें या बारहवें स्थान में हो तो तथा धनेश बुध निर्बल हो तो व्यक्ति कर्जदार होता है तथा धन के मामले में कमजोर होता है।

(38) सिंह लग्न के धनभाव में पापग्रह बैठा हो तथा लाभेश बुध यदि छठे, आठवें, बारहवें स्थान में हो तो व्यक्ति दरिद्री होता है।

(39) सिंह लग्न में केंद्र स्थानों को छोड़कर चंद्र यदि बृहस्पति से छठे, आठवें या बारहवें स्थान में हो तो 'शकट योग' बनता है जिसके कारण व्यक्ति को सदैव धन का अभाव बना रहता है।

(40) सिंह लग्न में धनेश बुध यदि अस्त हो, नीच राशि (मीन) में हो तथा धनस्थान एवं अष्टम स्थान में कोई पाप ग्रह हो तो व्यक्ति सदैव ऋणग्रस्त रहता है, कर्ज उसके सिर से उतरता ही नहीं।

(41) सिंह लग्न में लाभेश बुध यदि छठे, आठवें या बारहवें स्थान में हो तथा लाभेश अस्तगत एवं पापपीड़ित हो तो जातक महादरिद्री होता है।

(42) सिंह लग्न में अष्टमेश गुरु वक्री होकर कहीं बैठा हो या अष्टम स्थान में कोई ग्रह वक्री होकर बैठा हो तो अकस्मात धन हानि का योग बनता है। अर्थात् ऐसे व्यक्ति को धन के मामले में परिस्थितिवश अचानक भारी नुकसान हो सकता है, अत: सावधान रहें।

(43) सिंह लग्न में अष्टमेश गुरु शत्रुक्षेत्री, नीच राशिगत (मकर) या अस्त हो तो अचानक धन की हानि होती है।

कन्या लग्न और धनयोग

कन्या लग्न में जन्म लेने वाले जातकों के लिए धनप्रदाता ग्रह शुक्र है। धनेश शुक्र की शुभाशुभ स्थिति से, धनस्थान से संबंध जोड़ने वाले ग्रहों की स्थिति एवं योगायोग सूर्य एवं धनस्थान पर पड़ने वाले ग्रहों के दृष्टि संबंध से जातक की आर्थिक स्थिति, आय के स्रोतों तथा चल-अचल संपत्ति का पता चलता है। इसके अतिरिक्त लग्नेश बुध, पंचमेश शनि, भाग्येश शुक्र एवं लाभेश चंद्रमा की अनुकूल स्थितियां कन्या लग्न वाले व्यक्तियों के धन, ऐश्वर्य एवं वैभव को बढ़ाने में सहायक होती हैं।

वैसे कन्या लग्न के लिए मंगल, शुक्र, चंद्र अशुभ हैं। अकेला शुक्र शुभ फलदायक है। शुक्र और बुध योग कारक है। मंगल अष्टमेश होने से सहमारकेश है। कन्या लग्न के लिए सूर्य मारक का काम करेगा पर वह अकेला नहीं मारेगा मंगल वगैरा पाप ग्रह मारकेश के सहयोगी बनेंगे।

राजयोगकारक — गरु, शुक्र

सफल योग — 1. बुध + शुक्र, 2. बुध + शनि

अशुभ योग — 1. बुध + मंगल, 2. बुध + गुरु, 3. बुध + चंद्र

निष्फल योग — 1. गुरु + शुक्र 2. गुरु + शनि

लक्ष्मी योग — शुभ केंद्र त्रिकोण में, चंद्रमा सप्तम में बुध लग्न या दसम में.

विशेष योगायोग—

(1) कन्या लग्न हो, लग्न में बुध के साथ शुक्र व शनि हो अथवा लग्न में स्थित बुध को शुक्र, शनि देखते हों तो जातक शहर का प्रतिष्ठित धनवान व्यक्ति होता है ।

(2) कन्या लग्न हो पंचम स्थान में शनि, लाभस्थान में कर्क या बुध हो तो जातक अपने विद्या या हुनर के द्वारा धन कमाता हुआ, शहर का प्रतिष्ठित धनवान व्यक्ति होता है ।

(3) कन्या लग्न में यदि वृष, तुला या मीन राशि में हो तो व्यक्ति धनाध्यक्ष होता है, लक्ष्मी उसका पीछा नहीं छोड़ती ।

(4) कन्या लग्न में शुक्र, बुध के घर में तथा बुध, शुक्र के घर में अर्थात् शुक्र, मिथुन या कन्या राशि में तथा बुध, वृष या तुला राशि में हो तो व्यक्ति जीवन में व्यापार के द्वारा खूब धन कमाता हुआ लक्ष्मीवान होता है ।

(5) कन्या लग्न में शुक्र चंद्रमा के घर में तथा चंद्रमा शुक्र के घर में अर्थात् चंद्रमा वृष या तुला राशि में हो तो शुक्र, कर्क राशि में हो तो जातक महाभाग्यशाली होता है । ऐसा व्यक्ति भाग्य के जोर से खूब धन कमाता है तथा लक्ष्मी उसकी दासी रहती है ।

(6) कन्या लग्न में शुक्र, वृष, तुला या मीन राशि का हो तो जातक अल्प प्रयत्न से बहुत रुपया कमाता है तथा इनका भाग्योदय प्राय: विवाह के बाद होता है । ऐसा व्यक्ति भाग्यशाली होता है ।

(7) कन्या लग्न में बुध यदि केंद्र-त्रिकोण में हो तथा शुक्र स्वगृही हो तो कीचड़ में कमल की तरह खिलता है अर्थात् सामान्य परिवार में जन्म लेकर भी व्यक्ति धीरे-धीरे अपने पुरुषार्थ एवं पराक्रम से लक्षाधिपति व कोट्याधिपति बन जाता है ।

(8) कन्या लग्न में बुध लग्नगत हो तथा गुरु का शनि से युत किंवा दृष्ट हो तो जातक महाधनी होता है ।

(9) कन्या लग्न में पंचमस्थ शनि स्वगृही हो तथा लाभस्थान में सूर्य चंद्रमा हो तो जातक महालक्ष्मीवान होता है । उसके पास खूब रुपया एवं संपत्ति होती है ।

(10) कन्या लग्न में बुध, कर्क राशि में हो तथा चंद्रमा लग्न में हो तो जातक 33 वें वर्ष में पांच लाख रुपये कमा लेता है तथा शत्रुओं का नाश करते हुए स्वअर्जित धनलक्ष्मी को भोगता है । ऐसे व्यक्ति को जीवन में अचानक

रुपया मिलता है ।

(11) कन्या लग्न हो, लग्नेश बुध, धनेश शुक्र, भाग्येश शुक्र तथा लाभेश चंद्रमा अपनी-अपनी उच्च एवं स्वराशि में हो तो व्यक्ति करोड़पति होता है ।

(12) कन्या लग्न में राहु, शुक्र, मंगल और शनि चार ग्रहों की युति हो तो जातक अरबपति होता है ।

(13) कन्या लग्न में धनेश शुक्र यदि छठे, आठवें या बारहवें स्थान में हो तो 'धनहीनयोग' की सृष्टि होती है । जिस प्रकार घड़े में छिद्र होने के कारण उसमें पानी नहीं ठहर पाता, ठीक उसी प्रकार से ऐसे व्यक्ति के पास धन नहीं ठहर पाता । सदैव रुपयों की कमी बनी रहती है । इस योग की निवृत्ति हेतु गले में अभियंत्रित 'शुक्रयंत्र' धारण करना चाहिए। पाठक चाहें तो 'शुक्रयंत्र' हमारे कार्यालय से प्राप्त कर सकते हैं ।

(14) कन्या लग्न में धनेश शुक्र यदि आठवें हों परंतु सूर्य यदि लग्न को देखता हो तो ऐसे व्यक्ति को भूमि में गढ़े हुए धन की प्राप्ति होती है या लॉटरी से रुपया मिल सकता है, पर रुपया पास में टिकेगा नहीं ।

(15) कन्या लग्न में मंगल पंचम स्थान में मकर राशि का हो तो 'रूचकयोग' बनता है । ऐसा जातक राजातुल्य ऐश्वर्य को भोगता हुआ अथाह भूमि, संपत्ति व धन का स्वामी होता है ।

(16) कन्या लग्न में सुखेश गुरु, लाभेश चंद्र नवम भाव में एवं मंगल से दृष्ट हो तो जातक को अनायास धन की प्राप्ति होती है ।

(17) कन्या लग्न में गुरु + चंद्र की युति तुला, धनु, मकर या वृष राशि से हो तो इस प्रकार के गजकेसरी योग के कारण व्यक्ति को अनायास उत्तम धन की प्राप्ति होती है । ऐसे व्यक्ति को लॉटरी, शेयर बाजार या अन्य व्यापारिक स्रोत से अकल्पनीय धन की प्राप्ति होती है ।

(18) कन्या लग्न में धनेश शुक्र अष्टम में एवं अष्टमेश मंगल धनस्थान में परस्पर परिवर्तन करके बैठे हों तो जातक गलत तरीके से धन कमाता है । ऐसा व्यक्ति ताश, जुआ, मटका, घुड़रेस, स्मगलिंग एवं अनैतकि कार्यों से धन अर्जित करता है ।

(19) कन्या लग्न में तृतीयेश मंगल लाभस्थान में एवं लाभेश चंद्र तृतीय स्थान में परस्पर परिवर्तन करके बैठे हों तो ऐसे व्यक्ति को भाई, भागीदार एवं मित्रों द्वारा धन की प्राप्ति होती है ।

(20) कन्या लग्न में बलवान शुक्र के साथ यदि चतुर्थेश गुरु की युति हो तो व्यक्ति को माता के द्वारा धन की प्राप्ति होती है ।

(21) लग्नेश बधु, आयेश चंद्र तथा पंचमेश तीन में अष्टमभाव में हों सप्तम भाव में मीन का शुक्र हो अर्थात् उच्च का वह केंद्र में। ऐसे जातक का भाग्य ससुराल से बनता है तथा धन भी मिलता है।

(22) शुक्र व केतु दूसरे भाव में हों तो व्यक्ति धनाढ्य होता है तथा आकस्मिक ढंग से अर्थ की प्राप्ति होती है।

(23) कहीं भी सूर्य-शुक्र या सूर्य-चंद्र साथ बैठे हों तो सूर्य की दशा में विशेष धन लाभ, सम्मान एवं ऐश्वर्य प्राप्त होता है।

(24) कन्या लग्न हो, लग्न से दूसरे स्थान में चंद्रमा, गुरु और शुक्र हो और उस पर शुभ ग्रह की दृष्टि हो तो जातक का भाग्योदय 25वें वर्ष के बाद होता है अर्थात् ऐसा जातक 25 वर्ष बाद धन कमाता है।

(25) सूर्य यदि अपनी उच्च राशि मेष का परमोच्च अंश में हो और शुक्र 12 वें स्थान में हो तथा उस पर शुभ स्थान के स्वामी की दृष्टि हो तो जातक का भाग्योदय वृद्धावस्था में होता है अर्थात् ऐसा जातक वृद्धावस्था में धन कमाता है।

(26) चंद्रमा 10 वें स्थान में मिथुन राशि का हो, दशमेश बुध लग्न में हो तथा भाग्येश शुक्र द्वितीय स्थान में हो तो जातक धनवान, भाग्यवान व उच्च पदाधिकारी होता है।

(27) कन्या लग्न में सूर्य + चंद्रमा यदि कुंभ राशि में हो तीन-चार ग्रह नीच के हों तो व्यक्ति करोड़पति के घर में जन्म लेकर भी दरिद्री होता है।

(28) कन्या लग्न में यदि बलवान शुक्र की पंचमेश शनि से युति हो, द्वितीय भाव शुभग्रहों से दृष्ट हो तो ऐसे व्यक्ति को पुत्र द्वारा धन की प्राप्ति होती है। किंवा पुत्र जन्म के बाद ही जातक का भाग्योदय होता है।

(29) कन्या लग्न में बलवान शुक्र की यदि षष्टेश शनि से युति हो तथा धनाभाव पर मंगल की दृष्टि हो तो ऐसे जातक को शत्रुओं के द्वारा धन की प्राप्ति होती है। ऐसा जातक कोर्ट-कचहरी में शत्रुओं को पराजित करता है तथा शत्रुओं के कारण ही उसे धन व यश की प्राप्ति होती है।

(30) कन्या लग्न में बलवान शुक्र की यदि सप्तमेश गुरु से युति हो तो जातक का भाग्योदय विवाह के बाद होता है तथा उसे पत्नी, ससुराल पक्ष से धन की प्राप्ति होती है।

(31) कन्या लग्न में बलवान शुक्र की बुध से युति हो तथा नवम भाव शुभ ग्रहों से दृष्ट हो तो ऐसा जातक राजा से, राज्य सरकार से, सरकारी अधिकारियों, अनुबंध (ठेकों) से काफी धन कमाता है।

(32) कन्या लग्न में बलवान शुक्र की दसमेश बुध से युति हो, दसम भाव शुभ ग्रहों से दृष्ट हो तो जातक को पैतृक संपत्ति, पिता द्वारा संपादित धन की प्राप्ति होती है। ऐसे जातक को पिता का व्यवसाय भाग्योदय में सहायक होता है।

(33) कन्या लग्न में दसम भवन का स्वामी बुध यदि छठे, आठवें या बारहवें स्थान में हो तो जातक को परिश्रम का पूरा लाभ नहीं मिलता। जातक जन्मस्थान में नहीं कमा पाता, उसे सदैव धन की कमी बनी रहती है।

(34) कन्या लग्न में लग्नेश बुध यदि छठे, आठवें या बारहवें स्थान में हो तथा सूर्य यदि छठे स्थान में कुंभ राशि का हो तो व्यक्ति कर्जदार होता है तथा उसकी आर्थिक स्थिति दयनीय होती है।

(35) कन्या लग्न के धनाभाव में यदि पापग्रह हो तथा लाभेश चंद्रमा यदि छठे, आठवें या बारहवें स्थान में हो तो व्यक्ति दरिद्री होता है।

(36) कन्या लग्न में केंद्र स्थानों को छोड़कर चंद्रमा यदि बृहस्पति से छठे, आठवें या बारहवें स्थान में हो तो 'शकट योग' बनता है जिसके कारण व्यक्ति को सदैव धन का अभाव बना रहता है।

(37) कन्या लग्न में धनेश शुक्र यदि अस्त हो, नीचराशि (कन्या) में हो तथा धनस्थान एवं अष्टम स्थान में कोई पापग्रह हो तो व्यक्ति सदैव ऋणग्रस्त रहता है, कर्ज उसके सिर से उतरता ही नहीं।

(38) कन्या लग्न में लग्नेश चंद्रमा यदि छठे, आठवें या बारहवें स्थान में हो तथा लाभेश अस्तगत हो, पापपीड़ित हो तो जातक महादरिद्री होता है।

(39) कन्या लग्न में अष्टमेश मंगल वक्री होकर कहीं भी बैठा हो तो अष्टम स्थान में कोई भी ग्रह वक्री होकर बैठा हो तो अकस्मात धनहानि का योग बनता है अर्थात् ऐसे व्यक्ति को धन के मामले में परिस्थितिवश अचानक भारी नुकसान हो सकता है अत: सावधान रहें।

(40) कन्या लग्न में अष्टमेश मंगल शत्रुक्षेत्री, नीच राशिगत या अस्त हो तो अचानक धन की हानि होती है।

तुला लग्न और धनयोग

तुला लग्न में जन्म लेने वाले जातकों के लिए धनप्रदाता ग्रह मंगल है। धनेश मंगल की शुभाशुभ स्थिति से, धनस्थान से संबंध जोड़ने वाले ग्रहों की स्थिति, योगायोग एवं मंगल तथा धनस्थान पर पड़ने वाले ग्रहों के दृष्टि संबंध से व्यक्ति की आर्थिक स्थिति, आय के स्रोतों तथा चल-अचल संपत्ति का पता चलता है। इसके अतिरिक्त लग्नेश शुक्र, पंचमेश शनि, भाग्येश बुध, ऐश्वर्य एवं वैभव को बढ़ाने में पूर्ण सहायक होती है।

वैसे तुला लग्न के लिए गुरु, सूर्य, मंगल अशुभ है। शनि बुध शुभ होते हैं। चंद्र और बुध राजयोग कारक होते हैं। मंगल प्रधान मारकेश होकर भी मारक का कार्य नहीं करेगा। गुरु षष्टेश होने से अशुभ फलदायक है। गुरु परमपापी है। सूर्य व शुक्र भी पापी है। अतिशुभ फलदायक शनि है। मंगल साहचर्य से मारक का कार्य करेगा।

शुभ योग — 1. शुक्र + शनि, 2. शुक्र + बुध, 3. चंद्र + बुध

सफल योग — 1. गुरु + शनि, 2. बुध + शनि, 3. शनि + चंद्र, 4. मंगल + शनि

योगकारक — चंद्र, बुध, शनि

निष्फलयोग — मंगल + बुध

लक्ष्मीयोग — मंगल द्वितीय, सप्तम या नवम में, सूर्य सप्तम या एकादश में, शनि केंद्र त्रिकोण में

विशेष योगायोग—

(1) तुला लग्न में शुक्र हो, शनि, बुध से युत किंवा दृष्ट हो तो जातक शहर का प्रतिष्ठित धनवान व्यक्ति होता है।

(2) तुला लग्न हो, पंचम स्थान में शनि हो, लाभस्थान में सिंह का बुध हो तो जातक अपनी विद्या, हुनर के द्वारा लाखों रुपया कमाता हुआ शहर का प्रतिष्ठित धनवान व्यक्ति होता है।

(3) तुला लग्न के पंचम स्थान में शनि तथा लाभस्थान में सिंह का मंगल हो तो जातक शहर का माना हुआ धनवान होता है।

(4) तुला लग्न में बुध, मिथुन या सिंह राशि में हो तो जातक अल्प प्रयत्न से बहुत रुपया कमाता है। धन के मामले में ऐसा व्यक्ति भाग्यशाली कहलाता है।

(5) तुला लग्न में मंगल, मेष, वृश्चिक या मकर राशि में हो तो व्यक्ति धनाध्यक्ष होता है, लक्ष्मी चेरी की तरह उस व्यक्ति की सेवा करती है।

(6) तुला लग्न में मंगल बुध के घर में तथा बुध, मंगल के घर में हो अर्थात् बुध, मेष या वृश्चिक राशि में हो तथा मंगल मिथुन या कन्या में परिवर्तन योग करके बैठा हो तो व्यक्ति भाग्यशाली होता है तथा जीवन में खूब धन कमाता है।

(7) तुला लग्न में मंगल यदि सूर्य के घर में तथा सूर्य मंगल के घर हो अर्थात् मंगल, सिंह राशि का हो तथा सूर्य मेष या वृश्चिक का हो तो जातक महाभाग्यशाली होता है। ऐसे व्यक्ति की लक्ष्मी दासी के समान सेवा करती है।

(8) तुला लग्न में यदि चंद्रमा केंद्र-त्रिकोण में हो तथा मंगल स्वगृही हो तो जातक कीचड़ में कमल की तरह खिलता है अर्थात् सामान्य परिवार में जन्म लेकर धीरे-धीरे अपने पुरुषार्थ व पराक्रम से लक्षाधिपति व कोट्याधिपति हो जाता है। यह स्थिति प्राय: 28 वर्ष के बाद होती है।

(9) तुला लग्न में शुक्र, चंद्रमा और सूर्य की युति हो तो जातक महाधनी होता है तथा धनशाली व्यक्तियों में अग्रगण्य गिना जाता है।

(10) तुला लग्न में शनि मकर या कुंभ का हो तो जातक धनवान होता है।

(11) तुला लग्न में शुक्र सिंह राशि में एवं सूर्य तुला राशि में हो तो जातक 33वें वर्ष में पांच लाख रुपए कमा लेता है तथा शत्रुओं का नाश करते हुए स्वअर्जित धनलक्ष्मी को भोगता है। ऐसे व्यक्ति को जीवन में अचानक

रुपया मिलता है ।

(12) तुला लग्न हो, लग्नेश शुक्र, धनेश मंगल, भाग्येश बुध तथा लाभेश सूर्य अपनी-अपनी उच्च एवं स्वराशि में हों तो जातक करोड़पति होता है ।

(13) तुला लग्न में धनेश मंगल यदि छठे, आठवें और बारहवें स्थान में हो तो "धनहीनयोग" की सृष्टि होती है । जिस प्रकार से घड़े में छिद्र होने के कारण उसमें पानी नहीं ठहर पाता, ठीक उसी प्रकार से ऐसे व्यक्ति के पास धन नहीं ठहर पाता । सदैव रुपयों की तंगी बनी रहती है । इस दुर्योग से बचने के लिए गले में अभियंत्रित "मंगल यंत्र" धारण करना चाहिए । पाठक चाहें तो "मंगल यंत्र" हमारे कार्यालय से प्राप्त कर सकते हैं ।

(14) तुला लग्न में धनेश मंगल यदि आठवें हो परंतु सूर्य यदि लग्न को देखता हो तो ऐसे व्यक्ति को भूमि में गढ़े हुए धन की प्राप्ति होती है या लॉटरी से रुपया मिल सकता है पर रुपया पास में नहीं टिकेगा ।

(15) तुला लग्न में मंगल यदि मेष या मकर राशि में हो तो "रूचक योग" बनता है । ऐसा जातक राजतुल्य ऐश्वर्य को भोगता हुआ अथाह भूमि, संपत्ति व धन का स्वामी होता है ।

(16) तुला लग्न में सुखेश शनि, लाभेश सूर्य यदि नवम भाव में मंगल से दृष्ट हो तो व्यक्ति को अनायास धन की प्राप्ति होती है ।

(17) तुला लग्न में गुरु + चंद्र की युति वृश्चिक, मकर, कुंभ या मिथुन राशि में हो तो इस प्रकार के गजकेसरी योग के कारण व्यक्ति को अनायास उत्तम धन की प्राप्ति होती है । ऐसे व्यक्ति को लॉटरी, शेयर बाजार या अन्य व्यापारिक स्त्रोत से अकल्पनीय धन की प्राप्ति होती है ।

(18) तुला लग्न में धनेश मंगल अष्टम स्थान में एवं अष्टमेश शुक्र धनस्थान में परस्पर परिवर्तन करके बैठे हों तो जातक गलत तरीके से धन कमाता है । ऐसा व्यक्ति ताश, जुआ, मटका, घुड़रेस, स्मगलिंग एवं अनैतिक कार्यों से धन अर्जित करता है ।

(19) तुला लग्न में तृतीयेश गुरु लाभस्थान में एवं लाभेश गुरु तृतीय स्थान में परस्पर परिवर्तन करके बैठे हों तो ऐसे व्यक्ति को भाई, मित्र एवं भागीदारों द्वारा धन की प्राप्ति होती है ।

(20) तुला लग्न में बलवान मंगल के साथ चतुर्थेश शनि हो तो व्यक्ति को माता मातृपक्ष के द्वारा धन की प्राप्ति होती है ।

(21) गुरु धनु राशि का हो, बुध भाग्य भवन में तथा शनि स्वगृही हो तो जातक अतुल धनवान होता है ।

(22) जन्म का लग्न तुला हो तथा राहु, शुक्र, मंगल, शनि 12 वें भाव में यानि कन्या राशि में हों तो जातक कुबेर से भी अधिक धनवान होता है ।

(23) यदि लग्न में सर्वोत्तम नवांश हो और चंद्रमा भी वर्गोत्तम नवांश हो और लग्न को चंद्रमा के अतिरिक्त 4 अन्य ग्रह देखते हों, ऐसा जातक अधम से अधम घर में जन्म लेकर भी उत्तम धन व सुख भोगता है, लक्ष्मीवान होता है ।

(24) तुला लग्न हो, पंचम भाव में शनि बैठा हो तो जातक का पुत्र गोद जाता है । वहां से उसे धन मिलता है ।

(25) शुक्र यदि केतु सहित द्वितीय भाव में हो तो जातक को निश्चय ही लक्ष्याधिपति बना देता है ।

(26) षष्टेश का तथा लग्नाधिपति का परस्पर परिवर्तन योग बनता हो तो जातक ऋणग्रस्त रहता है ।

(27) शुक्र-शनि की युति धनु राशि में हो तथा गुरु की भाग्य भवन पर दृष्टि हो, मंगल कर्क का हो तथा सूर्य व बुध चतुर्थस्थ हों तो जातक अतुल धनवान होता है ।

(28) सूर्य मेष का सप्तम भाव में एवं चंद्रमा द्वादश भाव में हो बुध शत्रु भाव में स्थित हो, गुरु की 5वीं दृष्टि चंद्रमा पर हो तो जातक मंत्री बनता है तथा खूब धनोपार्जन करता है ।

(29) तुला लग्न हो तथा मंगल यदि बलवान हो तो स्त्री पक्ष से अर्थ की प्राप्ति होती है ।

(30) तुला लग्न हो, शुक्र बली हो तो स्त्री संचित धन द्वारा जातक की सहायता करती है ।

(31) पंचम स्थान में चंद्रमा हो उस पर शुक्र की दृष्टि हो तो जातक को लॉटरी इत्यादि से यकायक धन मिलता है ।

(32) लग्नेश धन भाव में हो तथा धनेश अष्टमस्थ हो तो भूमि से धन प्राप्ति होती है ।

(33) सूर्य, बुध, मंगल व शनि एक साथ 10वें, 5वें या 9वें भाव में हों तो जातक लक्षायाधिपति होता है ।

(34) तुला लग्न में यदि बलवान मंगल पंचमेश शनि के साथ हो तथा द्वितीय भाव शुभ ग्रहों से दृष्ट हो तो ऐसे व्यक्ति को पुत्र द्वारा धन की प्राप्ति होती है । किंवा पुत्र जन्म के बाद ही जातक का भाग्योदय होता है ।

(35) तुला लग्न में बलवान मंगल की यदि षष्टेश गुरु से युति हो तथा धनाभाव शनि से दृष्ट हो तो ऐसे जातक को शत्रुओं के द्वारा धन की प्राप्ति होती है ।

ऐसा जातक कोर्ट-कचहरी में शत्रुओं को पराजित करता है तथा शत्रुओं के कारण ही उसे धन व यश की प्राप्ति होती है ।

(36) तुला लग्न में बलवान मंगल की शुक्र से युति हो, सप्तम भाव शुभग्रहों से दृष्ट हो तो ऐसे जातक का भाग्योदय विवाह के बाद होता है तथा उसे पत्नी, ससुराल पक्ष से धन की प्राप्ति होती है ।

(37) तुला लग्न में बलवान मंगल की नवमेश बुध से युति हो तो ऐसा जातक राजा से, राज्य पक्ष से, सरकारी अधिकारियों, अनुबंध (ठेकों) से काफी धन कमाता है ।

(38) तुला लग्न में बलवान मंगल की दसमेश चंद्रमा से युति हो तो जातक को पैतृक संपत्ति मिलती है । पिता द्वारा संपादित धन की प्राप्ति होती है तथा पैतृक व्यवसाय से जातक को लाभ है ।

(39) तुला लग्न में दसम भवन का स्वामी चंद्रमा यदि छठे, आठवें या बारहवें स्थान में हो तो जातक को परिश्रम का पूरा लाभ नहीं मिलता । ऐसा जातक जन्मस्थान पर नहीं कमाता, उसे सदैव धन की कमी बनी रहती है ।

(40) तुला लग्न में लग्नेश शुक्र यदि छठे, आठवें या बारहवें स्थान में एवं सूर्य छठे या आठवें स्थान में हो तो व्यक्ति कर्जदार होता है तथा धन के मामले में कमजोर होता है ।

(41) धन स्थान में पापग्रह हो तथा लाभेश सूर्य यदि छठे, आठवें या बारहवें स्थान में हो तो व्यक्ति दरिद्री होता है ।

(42) तुला लग्न में केंद्र स्थानों को छोड़कर चंद्रमा बृहस्पति से यदि छठे, आठवे या बारहवें स्थान में हो तो शकट योग बनता है जिसके कारण व्यक्ति को सदैव धन का अभाव रहता है ।

(43) तुला लग्न में धनेश मंगल अस्त हो, नीच राशि (कर्क) में हो एवं धनस्थान तथा अष्टम स्थान में कोई पाप ग्रह हो तो व्यक्ति सदैव ऋणग्रस्त रहता है, कर्ज उसके सिर से उतरता नहीं ।

(44) तुला लग्न में लाभेश सूर्य यदि छठे, आठवें या बारहवें स्थान में हो तथा लाभेश अस्तगत हो तथा पापपीड़ित हो तो जातक महादरिद्री होता है ।

(45) तुला लग्न में अष्टमेश शुक्र वक्री होकर कहीं भी बैठा हो या अष्टम स्थान में कोई भी ग्रह वक्री होकर बैठा हो तो अकस्मात धन हानि का योग बनता है अर्थात् ऐसे व्यक्ति को धन के मामले में परिस्थितिवश अचानक भारी नुकसान हो सकता है । अत: सावधान रहें ।

(46) मेष लग्न में अष्टमेश शुक्र, शत्रुक्षेत्री, नीच राशिगत या अस्त हो तो अचानक धन की हानि होती है ।

वृश्चिक लग्न और धनयोग

वृश्चिक लग्न में जन्म लेने वाले व्यक्तियों के लिए धनप्रदाता ग्रह बृहस्पति है। धनेश बृहस्पति की शुभाशुभ स्थिति से, धन स्थान से संबंध स्थापित करने वाले ग्रहों की स्थिति, योगायोग एवं बृहस्पति तथा धनाभाव पर पड़ने वाले ग्रहों की दृष्टि से जातक की आर्थिक स्थिति आय के स्रोतों तथा चल-अचल संपत्ति का पता चलता है। इसके अतिरिक्त लग्नेश मंगल, भाग्येश चंद्र तथा लाभेश बुध की अनुकूल स्थितियां वृश्चिक लग्न में जन्मे जातकों के धन, ऐश्वर्य एवं वैभव को बढ़ाने में सहायक होती है।

वैसे वृश्चिक लग्न के लिए बुध, मंगल, शनि अशुभ होते हैं। गुरु शुभ। सूर्य चंद्र राजयोगकारक होते हैं। गुरु मारकेश होते हुए भी मारक नहीं। बुध अष्टमेश होने से अनिष्ट फलदायक है। यह पूर्ण मारकेश का कार्य करेगा। वृश्चिक लग्न के लिए बुध परमपापी है। शुक्र व्ययेश होने से मारक है।

राजयोगकारक —सूर्य, चंद्र, गुरु, मंगल यदि स्वगृही हो तो राजयोगकारक होगे।

सफल योग —चंद्र + मंगल, चंद्र + शनि, चंद्र + सूर्य, चंद्र + शुक्र।

निष्फल योग —मंगल + गुरु, गुरु + शुक्र।

अशुभ योग — मंगल + बुध, मंगल + शनि, मंगल + शुक्र।

लक्ष्मी योग —बृहस्पति केंद्र त्रिकोण में बुध दसम या एकादश में, मंगल तृतीय में।

विशेष योगायोग—

(1) वृश्चिक लग्न में बृहस्पति यदि कन्या राशि में तथा बुध यदि धनु या मीन राशि में परस्पर परिवर्तन योग करके बैठा हो तो जातक भाग्यशाली होता है तथा जीवन में खूब धन कमाता है ।

(2) वृश्चिक लग्न में बृहस्पति कर्क, धनु, मीन में हो तो व्यक्ति धनाध्यक्ष होता है, लक्ष्मी ऐसे जातक की चेरी के समान सेवा करती है ।

(3) वृश्चिक लग्न में चंद्रमा कर्क या वृषराशि में हो तो जातक अल्प प्रयत्न से ही बहुत धन कमाता है । ऐसा व्यक्ति धन के मामले को लेकर भाग्यशाली होता है ।

(4) वृश्चिक लग्न हो, द्वितीयस्थ बृहस्पति, बुध व शुक्र के साथ हो अथवा द्वितीयस्थ बृहस्पति एवं बुध शुक्र से दृष्ट हो तो व्यक्ति राजा के समान धनशाली व ऐश्वर्यवान होता है ।

(5) वृश्चिक लग्न में मंगल, शनि, शुक्र और बुध इन चार ग्रहों की युति हो तो जातक महाधनी होता है ।

(6) वृश्चिक लग्न हो, पंचम में स्वगृही बृहस्पति हो, लाभस्थान में चंद्र, मंगल हो तो महालक्ष्मी योग बनता है । ऐसा जातक खूब धनवान होता है ।

(7) वृश्चिक लग्न हो, पंचमस्थ बृहस्पति हो तथा लाभस्थान में स्वगृही बुध हो तो जातक अति धनाढ्य होता है । ऐसा जातक अपने भुजबल से शत्रुओं को परास्त करता हुआ अखंड राज्यलक्ष्मी को भोगता है ।

(8) वृश्चिक लग्न में मंगल कन्या राशि में हो एवं लाभेश बुध लग्न में हो तो जातक 33वें वर्ष में पांच लाख रुपए कमा लेता है तथा शत्रुओं का नाश करते हुए स्वअर्जित धन लक्ष्मी को भोगता है । ऐसे व्यक्ति को अचानक रुपया मिलता है ।

(9) वृश्चिक लग्न में सूर्य यदि केंद्र-त्रिकोण में हो तथा गुरु स्वगृही हो तो जातक कीचड़ में कमल की तरह खिलता है अर्थात् व्यक्ति सामान्य परिवार में जन्म लेकर धीरे-धीरे अपने पराक्रम व पुरुषार्थ से लक्षाधिपति व कोट्याधिपति हो जाता है । ऐसे जातक का भाग्योदय प्राय: 28 से 32 वर्ष की आयु में होता है ।

(10) वृश्चिक लग्न हो, लग्नेश मंगल, धनेश गुरु, भाग्येश बुध और लाभेश सूर्य यदि अपनी-अपनी उच्च या स्वराशि में हो तो जातक करोड़पति होगा ।

(11) वृश्चिक लग्न हो, लग्न में मंगल, बुध, शुक्र एवं शनि हो तो जातक

करोड़पति होता है ।

(12) वृश्चिक लग्न के लाभस्थान में राहु, शुक्र, शनि और मंगल की युति हो तो जातक अरबपति होता है ।

(13) वृश्चिक लग्न में धनेश बृहस्पति यदि छठे, आठवें, बारहवें स्थान में हो "धनहीनयोग" की सृष्टि होती है । जिस प्रकार घड़े में छिद्र होने के कारण उसमें पानी नहीं ठहर सकता, ठीक उसी प्रकार से ऐसे व्यक्ति के पास धन नहीं ठहर पाता । सदैव रुपयों की कमी बनी रहती है । इस योग की निवृत्ति हेतु गले में अभियंत्रित "गुरुयंत्र" धारण करना चाहिए । पाठक चाहें तो "गुरुयंत्र" हमारे कार्यालय से प्राप्त कर सकते हैं ।

(14) वृश्चिक लग्न में धनेश बृहस्पति आठवें हो परंतु सूर्य यदि लग्न में हो या लग्न को देखता हो तो ऐसे व्यक्ति को भूमि में गढ़े हुए धन की प्राप्ति होती है या लॉटरी से रुपया मिल सकता है, पर रुपया पास में टिकेगा नहीं ।

(15) चंद्रमा से 3/6/10/11वें स्थान में शुभग्रह हो तो 'सुमति योग' बनता है । इस योग के कारण जातक युवावस्था में ही लखपति हो जाता है ।

(16) वृश्चिक लग्न में मंगल यदि लग्नस्थ हो तो "रूचकयोग" बनता है । ऐसा जातक राजा तुल्य ऐश्वर्य को भोगता हुआ अथाह भूमि, संपत्ति व धन का स्वामी होता है ।

(17) वृश्चिक लग्न में सुखेश शनि, लाभेश बुध नवम भाव में हो एवं मंगल से दृष्ट हो तो जातक को अनायास धन की प्राप्ति होती है ।

(18) वृश्चिक लग्न में गुरु + चंद्र की युति धनुराशि, कुंभराशि, मीन राशि या कर्कराशि में हो तो इस प्रकार के गजकेसरी योग के कारण व्यक्ति को अनायास उत्तम धन की प्राप्ति होती है । ऐसे व्यक्ति को लॉटरी, शेयर बाजार या अन्य व्यापारिक स्रोत से अकल्पनीय धन की प्राप्ति होती है ।

(19) वृश्चिक लग्न में धनेश गुरु अष्टम में, अष्टमेश मंगल धनस्थान में परस्पर परिवर्तन करके बैठे हों तो ऐसा जातक गलत तरीके से धन कमाता है । ऐसा व्यक्ति ताश, जुआ, मटका, घुड़रेस, स्मगलिंग एवं अनैतिक कार्यों से धन अर्जित करता है ।

(20) वृश्चिक लग्न में तृतीयेश शनि लाभस्थान में एवं लाभेश बुध यदि तृतीय स्थान में परस्पर परिवर्तन करके बैठे हों तो ऐसे व्यक्ति को भाई, भागीदार एवं मित्रों द्वारा धन की प्राप्ति होती है ।

(21) वृश्चिक लग्न में बलवान गुरु के साथ यदि चतुर्थेश शनि की युति हो तो व्यक्ति को माता, मातृपक्ष द्वारा धन की प्राप्ति होती है ।

(22) लग्न में 10 वें स्थान में शुक्र हो अथवा चंद्रमा से 10 वें स्थान पर शुभ ग्रह बैठा हो तो जातक प्रसिद्ध, गुणवान, ख्याति प्राप्त, चरित्रवान एवं धनवान होता है।

(23) गुरु लग्न में वृश्चिक राशि का हो, बुध कहीं केंद्र में हो तथा नवमेश अथवा एकादशेश से युक्त हो तो जातक धनवान होता है।

(24) लग्न में शनि, मंगल हो तथा गुरु साथ में हो या बुध हो तो भिक्षुक योग अवश्यमेव होता है।

(25) गुरु का संबंध षष्ठेश-अष्टमेश या द्वादशेश के साथ हो तो जातक महा दरिद्री होता है।

(26) चंद्रमा दूसरे घर में स्थित हो, लग्नेश षष्टम भवन में तथा छठे घर का स्वामी लग्न में हो तो दरिद्र योग होता है।

(27) गुरु व बुध पंचम स्थान में हों तथा चंद्रमा 11वें भावस्थ हो तो जातक करोड़पति होता है।

(28) बुध 10वें स्थान में तथा बृहस्पति चौथे भाव में बैठकर परस्पर दृष्टि डाल रहे हों तथा भाग्येश उच्च का सप्तम भाव में विराजमान हो तो जातक की ससुराल प्रबल व धनाढ्य होती है।

(29) गुरु, शुक्र दोनों मकर राशि में तृतीय स्थान में हो तो उस जातक के संचित धन को कुपुत्र उड़ा देते हैं तथा उसे संतान सुख प्राप्त नहीं होता।

(30) गुरु दशम भाव में तथा शनि चतुर्थ भाव में हो तो जातक को भूमि से अत्यधिक लाभ होता है।

(31) छठे भाव में बुध हो तो जातक रोगी एवं लक्ष्याधिपति दोनों साथ-साथ होता है।

(32) लग्नेश जहां बैठा हो, उस राशि का स्वामी यदि स्वग्रही या 5/9 भवन में या अपने मूल त्रिकोण अथवा केंद्र में बैठा हो तो 45 वर्ष में जातक का भाग्योदय होता है तथा वह भूसंपत्ति प्राप्त करता है।

(33) भाग्येश जिस नवांश में हो उसका स्वामी यदि उच्च राशि में पंचमेश के साथ भाग्य स्थान में हो तो लक्ष्मीवान, पुत्रवान व जातक समृद्धिशाली होता है।

(34) लग्नेश धन भाव गत हो या धनेश-लाभेश गुरु, बुध एवं लग्नेश मंगल के साथ लाभस्थ हो तो गुप्त धन की प्राप्ति होती है।

(35) सूर्य लग्न, चंद्र लग्न, लग्नेश तथा शुभ द्वितीय, पंचमेश, गुरु सब की परस्पर युति या दृष्टि हो तथा जातक धनवान एवं उच्च पदाधिकारी होता है।

(36) चंद्रमा केंद्र में हो, चंद्रमा उच्च का हो, सूर्य वृश्चिक का लग्न में हो, शुक्र तुला का स्वगृही द्वादश भावस्थ हो, गुरु केंद्र में हो, बुध चंद्र से 8वें पड़ा हो तो जातक की मासिक आय कई सहस्त्र होती है ।

(37) वृश्चिक लग्न में यदि मीन का गुरु पंचम में हो, पंचम भाव शुभ ग्रहों से दृष्ट हो तो ऐसे व्यक्ति को पुत्र द्वारा धन की प्राप्ति होती है किंवा पुत्र जन्म के बाद ही जातक का भाग्योदय होता है ।

(38) वृश्चिक लग्न में बलवान गुरु यदि षष्टेश मंगल से युति करके बैठा हो तथा धनभाव शनि से दृष्ट हो तो जातक को शत्रुओं के द्वारा धन की प्राप्ति होती है । ऐसा जातक कोर्ट-कचहरी में शत्रु को हराता है तथा शत्रुओं के कारण ही उसे धन व यश की प्राप्ति होती है ।

(39) वृश्चिक लग्न में बलवान गुरु की सप्तमेश शुक्र की युति हो तो जातक का भाग्योदय विवाह के बाद होता है तथा उसे पत्नी, ससुराल पक्ष से धन की प्राप्ति होती है ।

(40) वृश्चिक लग्न में बलवान गुरु की नवमेश सूर्य से युति हो तो ऐसा जातक राजा से, राज्य सरकार, सरकारी अधिकारी एवं ठेकों से काफी धन कमाता है ।

(41) वृश्चिक लग्न में बलवान गुरु की दसमेश बुध से युति हो तो जातक को पैतृक संपत्ति, पिता द्वारा संरक्षित धन की प्राप्ति होती है अथवा पिता का व्यवसाय जातक के भाग्योदय में सहायक होता है ।

(42) वृश्चिक लग्न में दसम भाव का स्वामी बुध यदि छठे, आठवें या बारहवें स्थान में हो तो जातक को परिश्रम का पूरा लाभ नहीं मिलता । ऐसा जातक जन्मस्थान में नहीं कमा पाता, उसे सदैव धन की कमी बनी रहती है ।

(43) वृश्चिक लग्न में लग्नेश मंगल यदि छठे, आठवें या बारहवें स्थान में हो एवं सूर्य तुला राशि में हो तो व्यक्ति कर्जदार होता है तथा धन के मामले में कमजोर होता है ।

(44) धनस्थान में पापग्रह हो तथा लाभेश बुध यदि छठे, आठवें या बारहवें स्थान में हो तो व्यक्ति दरिद्री होता है ।

(45) वृश्चिक लग्न में केंद्र स्थानों को छोड़कर चंद्रमा बृहस्पति से छठे, आठवें या बारहवें स्थान में हो तो शकट योग बनता है जिसके कारण व्यक्ति को सदैव धन का अभाव रहता है ।

(46) वृश्चिक लग्न में धनेश गुरु अस्त हो, नीच राशि (मकर) में हो तथा धन स्थान एवं अष्टम स्थान में कोई पापग्रह हो तो व्यक्ति सदैव ऋण ग्रस्त रहता

है, कर्जा उसके सिर से उतरता नहीं ।

(47) वृश्चिक लग्न में लाभेश बुध वक्री होकर कहीं भी बैठा हो या अष्टम स्थान में कोई भी ग्रह वक्री होकर बैठा हो तो अकस्मात धन हानि का योग बनता है अर्थात् ऐसे व्यक्ति को धन के मामले में परिस्थितिवश अचानक भारी नुकसान हो सकता है, अत: सावधान रहें ।

(48) वृश्चिक लग्न में लाभेश बुध यदि छठे, आठवें या बारहवें हो तथा लाभेश अस्तगत हो व पापपीड़ित हो तो जातक महादरिद्री होता है ।

(49) वृश्चिक लग्न में अष्टमेश बुध शत्रुक्षेत्री, नीच राशिगत या अस्त हो तो अचानक धन की हानि होती है ।

धनु लग्न और धनयोग

धनु लग्न में जन्म लेने वाले व्यक्तियों के लिए धनप्रदाता ग्रह मंगल है। धनेश मंगल की शुभाशुभ स्थिति से, धनस्थान से संबंध स्थापित करने वाले ग्रहों की स्थिति से, योगायोग, मंगल तथा धनभाव पर पड़ने वाले ग्रहों की दृष्टि से व्यक्ति की आर्थिक स्थिति, आय के स्रोतों तथा चल-अचल संपत्ति का पता चलता है। इसके अतिरिक्त लग्नेश बृहस्पति भाग्येश सूर्य एवं लाभेश शुक्र की अनुकूल-प्रतिकूल परिस्थितियां धनु लग्न के जातकों के धन, ऐश्वर्य एवं वैभव को घटाने-बढ़ाने में सहायक होती हैं।

वैसे धनु लग्न के लिए शुक्र षष्टेश होने से अशुभ है। बुध व सूर्य शुभ होते हैं। शनि मारकेश होते हुए भी मारक नहीं होता। इस लग्न के लिए शुक्र मारकेश का काम करेगा। शनि, चंद्र भी पापी है। सप्तमेश होने से बुध सहायक मारकेश है। पंचमेश होने में मंगल शुभ फलदायक बन गया है। लग्नेश गुरु चतुर्थ स्थान का भी स्वामी होने के कारण अति शुभ कारकत्व वाला बन गया है।

राजयोगकारक —बुध + सूर्य एवं गुरु

सफलयोग —1. मंगल + गुरु, 2. सूर्य + गुरु, 3. सूर्य + बुध

निष्फलयोग —1. मंगल + बुध

अशुभयोग —1. गुरु + शुक्र 2. गुरु + शनि 3. गुरु + बुध 4. गुरु + चंद्र

लक्ष्मीयोग —बृहस्पति केंद्र-त्रिकोण में, शनि तृतीय में, बुध केंद्र में

विशेष योगायोग—

(1) धनु लग्न में सूर्य सिंह या मेष राशि में हो तो जातक अल्प प्रयत्न से बहुत धन कमाता है।

(2) धनु लग्न में शनि, मकर, कुंभ या तुला राशि में हो तो जातक धनपति होता है, लक्ष्मी उसका पीछा नहीं छोड़ती।

(3) धनु लग्न में शनि सूर्य के घर में तथा सूर्य शनि के घर में परस्पर राशि परिवर्तन करके बैठे हों अर्थात् शनि, सिंह राशि में तथा सूर्य, मकर या कुंभ राशि में हो तो जातक महाभाग्यशाली होता है। लक्ष्मी ऐसे जातक की अनुचरी होती है।

(4) धनु लग्न में शनि, मिथुन या कन्या राशि में तथा बुध मकर या कुंभ राशि में परस्पर परिवर्तन योग करके बैठा हो तो व्यक्ति भाग्यशाली होता है। ऐसा व्यक्ति जीवन में बहुत धन कमाता है।

(5) धनु लग्न में बृहस्पति हो, बुध एवं शनि अपनी-अपनी स्वराशि में हो तो ऐसा व्यक्ति धनवानों में अग्रगण्य होता है तथा पद-पद पर लक्ष्मी उसके साथ चलती है।

(6) धनु लग्न में बृहस्पति लग्न में बुध एवं मंगल से युत हो अथवा लग्नस्थ बृहस्पति, बुध मंगल से दृष्ट हो तो जातक महाधनशाली होता है।

(7) धनु लग्न के पंचमभाव में स्वगृही मंगल हो तथा स्वगृही शुक्र लाभस्थान हो तो जातक महालक्ष्मीशाली होता है।

(8) धनु लग्न में बुध यदि केंद्र-त्रिकोण में हो तथा शनि स्वगृही (मकर, कुंभ राशि में) हो, तो जातक कीचड़ में कमल की तरह खिलता है। अर्थात् सामान्य परिवार में जन्म लेकर भी जातक धीरे-धीरे अपने पुरुषार्थ व पराक्रम से लक्षाधिपति, कोट्याधिपति हो जाता है।

(9) धनु लग्न में बृहस्पति+चंद्र+मंगल की युति हो तो "महालक्ष्मीयोग" बनता है। ऐसा जातक प्रबल पराक्रमी, अतिधनवान, ऐश्वर्यवान एवं महाप्रतापी होता है।

(10) धनु लग्न में बृहस्पति+बुध एवं मंगल से युत हो तो "महालक्ष्मीयोग" बनता है। ऐसा जातक अपने बुद्धिबल से शत्रुओं को परास्त करता हुआ, महाधनी एवं अतिप्रतापी होता है।

(11) धनुलग्न में बृहस्पति तुला राशि में हो तथा लाभेश शुक्र लग्न में हो तो जातक 33वें वर्ष में पांच लाख रुपए कमा लेता है तथा शत्रुओं का नाश

करते हुए स्वअर्जित धनलक्ष्मी को भोगता है। ऐसे व्यक्ति के जीवन में अचानक रुपया मिलता है।

(12) धनु लग्न हो, लग्नेश गुरु, धनेश शनि, भाग्येश सूर्य तथा लाभेश शुक्र अपनी-अपनी उच्च राशि या स्वराशि में हो तो जातक करोड़पति होता है।

(13) धनु लग्न हो, तथा दसम भाव में राहु, शुक्र, शनि और मंगल की युति हो तो जातक अरबपति होता है।

(14) धनु लग्न में धनेश शनि यदि छठे, आठवें, बारहवें स्थान में हो तो "धनहीनयोग" की सृष्टि होती है। जिस प्रकार छिद्र वाले घड़े में कभी पानी रहता नहीं, ठीक उसी प्रकार से ऐसे जातक के पास रुपया टिकता नहीं। धन की कमी सदैव बनी रहती है। इस दुर्योग से बचने के लिए जातक को अभिमंत्रित "शनियंत्र" धारण करना चाहिए। पाठक चाहें तो यह यंत्र हमारे कार्यालय से प्राप्त कर सकते हैं।

(15) धनु लग्न में धनेश शनि यदि आठवें हो तथा सूर्य लग्न को देखता हो तो जातक को पृथ्वी में गढ़े हुए धन की प्राप्ति होती है अथवा लॉटरी से रुपया मिलता है पर रुपया पास में टिकता नहीं।

(16) धनु लग्न में मंगल यदि मेष राशि में पंचमस्थ हो तो "रूचकयोग" बनता है। ऐसा जातक राजा के समान ऐश्वर्य को भोगता हुआ अथाह भूमि, संपत्ति व धन का स्वामी होता है।

(17) धनु लग्न में सुखेश बृहस्पति, लाभेश शुक्र यदि नवमभाव में मंगल से दृष्ट हो तो जातक को अचानक धन की प्राप्ति होगी।

(18) धनु लग्न में चंद्र + बृहस्पति की युति यदि मकर, मीन, मेष या सिंह राशि में हो तो इस प्रकार के गजकेसरी योग के कारण जातक को अचानक उत्तम धन की प्राप्ति होती है। ऐसे व्यक्ति को लॉटरी, शेयर मार्केट या अन्य व्यापारिक स्रोत के कारण अकल्पनीय धन की प्राप्ति होती है।

(19) धनु लग्न में धनेश शनि अष्टम में एवं अष्टमेश चंद्र धनस्थान में परस्पर परिवर्तन करके बैठे हों तो ऐसा जातक गलत तरीके से धन कमाता है। ऐसा व्यक्ति ताश, जुआ, मटका, घुड़रेस, स्मगलिंग एवं अनैतिक कार्यों से धन अर्जित करता है।

(20) धनु लग्न में तृतीयेश शनि लाभस्थान में एवं लाभेश शुक्र तृतीय स्थान में परस्पर परिवर्तन करके बैठा हो तो ऐसे व्यक्ति को भाई, भागीदार एवं मित्रों द्वारा धन की प्राप्ति होती है।

(21) धनु लग्न में बलवान शनि के साथ यदि चतुर्थेश बृहस्पति हो तो व्यक्ति को

माता एवं ननिहाल पक्ष के द्वारा धन की प्राप्ति होती है।

(22) लग्नेश व धनेश प्रथम भवन अर्थात् लग्न में हो तो स्वयं श्रम करके अर्थोपार्जन करता है।

(23) केंद्र में चार पाप ग्रह सूर्य, मंगल, शनि, राहु हो, धन भवन में पापग्रह हो, सूर्य, शुक्र, शनि साथ हों अथवा धन भवन में शनि-सूर्य और शनि-मंगल साथ हों तो जातक दरिद्री ही होता है।

(24) चंद्रमा 9वें भाव में हो तथा 10 व 9वें भाव में कोई ग्रह न हो तो जातक दरिद्री होता है।

(25) सूर्य एकादश स्थान में हो तथा द्वादश व दशम भाव में कोई ग्रह न हो तो जातक दरिद्री होता है।

(26) बुध + सूर्य पंचम भवन में पड़े हो तो जातक धनवान होता है।

(27) लग्नेश पंचम भाव में हो या 11 वें हो तो देह से पुष्ट दीर्घायु होता है। शुक्र 11वें भाव में हो और द्वादश या सप्तम भाव में गुरु हो, राहु छठे हो तो जातक अतुल संपत्ति प्राप्त करता है।

(28) सूर्य से द्वितीय स्थान में गुरु हो, लग्न अपने नवांश में हो और 1,4,9,10 स्थानों में बुध, शुक्र, चंद्रादि हों उसके घर सदैव लक्ष्मी निवास करती है।

(29) चंद्रमा आठवें भाव में हो, कर्क राशि में सूर्य, शुक्र शनि स्थित हों तो विख्यात, शिल्पादि कलाओं का जानकार, पतला पर दृढ़ शरीर से युक्त अनेक संतानों से युक्त व निरंतर संपत्तिवान रहता है।

(30) नवमेश सूर्य तथा शुक्र एकादशेश साथ-साथ बैठे हों तो जातक को पैतृक धन प्राप्ति होती है।

(31) धनु लग्न की कुंडली में सूर्य, चंद्र कहीं साथ-साथ बैठे हों तो दरिद्र योग होता है।

(32) दशमेश नवेश के नवमांश में हो तथा दशमेश व नवमेश द्वितीय स्थान में हो तो विष्णु भक्त एवं लक्ष्मीवान होता है।

(33) पंचमेश भाग्य भवन में हो तथा एकादशेश चंद्र युक्त लग्न से द्वितीय हो तो भाग्य योग व प्रबल धन योग बनता है।

(34) राहु कन्या राशि में स्थित हो तथा कन्यापति बुध अपने में उच्च का विराजमान हो तथा शनि चतुर्थ भावस्थ होकर बुध को पूर्ण दृष्टि से देखता हो तो वह जातक बड़ा व्यापारी एवं धनी होता है।

(35) धनु लग्न में बृहस्पति बारहवें हो, लग्न शुभ ग्रह से दृष्ट न हो तो अकस्मात धन की हानि होती है।

(36) धनु लग्न में यदि बलवान शनि की पंचमेश मंगल से युति हो, द्वितीय भाव शुभ ग्रहों से दृष्ट हो तो ऐसे व्यक्ति को पुत्र द्वारा धन की प्राप्ति होती है किंवा पुत्र जन्म के बाद ही जातक का भाग्योदय होता है ।

(37) धनु लग्न में बलवान शनि की यदि षष्टेश शुक्र से युति हो तथा धनभाव मंगल से दृष्ट हो तो ऐसे जातक को शत्रुओं के द्वारा धन की प्राप्ति होती है । ऐसा जातक कोर्ट-कचहरी में शत्रुओं को हराता है तथा शत्रुओं के कारण ही उसे धन व यश की प्राप्ति होती है ।

(38) धनु लग्न में बलवान शनि की सप्तमेश बुध से युति हो तो जातक का भाग्योदय विवाह के बाद होता है तथा उसे पत्नी, ससुराल पक्ष से धन की प्राप्ति होती है ।

(39) धनु लग्न में बलवान शनि की नवमेश सूर्य से युति हो तो ऐसे जातक को राजा से, राज्य सरकार, सरकारी अधिकारियों, सरकारी अनुबंधों एवं ठेकों से काफी धन मिलता है ।

(40) धनु लग्न में बलवान शनि की दसमेश बुध से युति हो तो जातक को पैतृक संपत्ति, पिता द्वारा रक्षित धन की प्राप्ति होती है अथवा पिता का व्यवसाय जातक के भाग्योदय में सहायक होता है ।

(41) धनु लग्न में दसम स्थान का स्वामी बुध यदि छठे, आठवें या बारहवें स्थान में हो तो जातक को परिश्रम का पूरा लाभ नहीं मिलता । जन्मस्थान में जातक नहीं कमा पाता तथा उसे सदैव धन की कमी बनी रहती है ।

(42) धनु लग्न में लग्नेश बृहस्पति यदि छठे, आठवें या बारहवें स्थान में हो एवं सूर्य आठवें भाव (कर्क राशि) में हो तो व्यक्ति कर्जदार होता है तथा धन के मामले में कमजोर होता है ।

(43) धनस्थान में पापग्रह हो तथा लाभेश शुक्र यदि छठे, आठवें या बारहवें स्थान में हो तो जातक दरिद्री होता है ।

(44) धनु लग्न में केंद्रस्थानों को छोड़कर चंद्रमा बृहस्पति से यदि छठे, आठवें या बारहवें स्थान में हो तो 'शकटयोग' बनता है जिसके कारण व्यक्ति को सदैव धन का अभाव बना रहता है ।

(45) धनु लग्न में धनेश शनि अस्त हो, नीच राशि (मेष) में हो तथा धनस्थान एवं अष्टम स्थान में कोई पापग्रह हो तो व्यक्ति सदैव ऋणग्रस्त रहता है, कर्ज उसके सिर से उतरता नहीं ।

(46) धनु लग्न में लाभेश शनि यदि छठे, आठवें या बारहवें स्थान में हो तथा लाभेश अस्तगत हो, पापपीड़ित हो तो जातक महादरिद्री होता है ।

(47) धनु लग्न में अष्टमेश चंद्रमा निर्बल होकर कहीं बैठा हो तथा अष्टम स्थान में कोई ग्रह वक्री होकर बैठा हो तो अकस्मात धनहानि का योग बनता है। अर्थात् ऐसे व्यक्ति को धन के मामले में परिस्थितिवश अचानक भारी नुकसान हो सकता है। फलत: सावधान रहें।

(48) धनु लग्न में अष्टमेश चंद्रमा शत्रुक्षेत्री, नीचराशिगत हो तथा शनि निर्बल हो तो अचानक धन की हानि होती है।

मकर लग्न और धनयोग

मकर लग्न में जन्म लेने वाले व्यक्तियों के लिए धनदाता ग्रह शनि है। धनेश शनि की शुभाशुभ स्थिति, धनस्थान से संबंध स्थापित करने वाले ग्रहों की स्थिति, योगायोग, शनि तथा धनभाव पर पड़ने वाले ग्रहों की दृष्टि से व्यक्ति की आर्थिक स्थिति, आय के स्रोत तथा चल-अचल संपत्ति का पता चलता है। इसके अतिरिक्त पंचमेश शुक्र, भाग्येश बुध, लाभेश मंगल की अनुकूल-प्रतिकूल परिस्थितियां भी मकर लग्न में जन्मे जातकों के धन, ऐश्वर्य एवं वैभव को घटाने-बढ़ाने में महत्त्वपूर्ण भूमिका निभाती हैं।

वैसे मकर लग्न के लिए मंगल, गुरु, व्ययेश और चंद्र सप्तमेश होने से अशुभ है तथा शुक्र व बुध शुभ है। शुक्र अकेला राजयोगकारक है। शनि लग्नेश होने से मारकेश का अशुभ फल नहीं देगा। मंगल मारक का काम करेगा। गुरु परमपापी का फल देगा। सूर्य भी पाप फलदायक है। चंद्र सहायक मारकेश है।

राजयोगकारक —बुध, शुक्र

सफलयोग —1.शनि + शुक्र 2. बुध + शुक्र 3.शुक्र + मंगल 4. मंगल + बुध 5.चंद्र + शुक्र

अशुभयोग —1.शनि + मंगल, 2.शनि + गुरु, 3.शनि + चंद्र

लक्ष्मीयोग —शनि द्वितीय में, शुक्र केंद्र-त्रिकोण में, बुध भाग्य में

विशेष योगायोग—

(1) मकर लग्न में बुध कन्या राशि में हो तो जातक अल्प प्रयत्न से ही धनपति हो जाता है।

(2) मकर लग्न हो शुक्र पंचम में हो तथा लाभस्थान में मंगल हो तो व्यक्ति बहुत सारी भू संपत्ति का स्वामी होता हुआ प्रतिष्ठित धनवान होता है।

(3) मकर लग्न में शनि मकर, कुंभ या तुला राशि में हो तो लक्ष्मी ऐसे व्यक्ति का पीछा नहीं छोड़ती।

(4) मकर लग्न में शनि कन्या राशि में तथा बुध मकर या कुंभ राशि में हो तो व्यक्ति महाभाग्यशाली होता है। ऐसा व्यक्ति खूब धन कमाता है तथा लक्ष्मी उसकी अनुचरी होती है।

(5) मकर लग्न में शनि मंगल के घर में एवं मंगल शनि के घर में परस्पर राशि परिवर्तन करके बैठे हों अर्थात् शनि मेष या वृश्चिक राशि में हो तथा मंगल मकर या कुंभ राशि में हो तो ऐसा जातक महाभाग्यशाली होता है। जीवन में खूब धन कमाता है तथा लक्ष्मी उसकी दासी के समान सेवा करती है।

(6) मकर लग्न में शुक्र केंद्र-त्रिकोण में हो तथा शनि स्वगृही होकर कहीं भी बैठा हो तो व्यक्ति कीचड़ में कमल की तरह खिलता है अर्थात् सामान्य परिवार में जन्म लेकर भी धीरे-धीरे अपने पराक्रम व पुरुषार्थ से लक्षाधिपति, कोट्याधिपति बन जाता है।

(7) मकर लग्न हो, शुक्र पंचम में हो तथा लाभस्थान में मंगल हो तो जातक लक्ष्मीवान होता है।

(8) मकर लग्न में शनि, मंगल और गुरु की युति हो तो "महाभाग्यशालीयोग" बनता है। ऐसा जातक प्रबल, पराक्रमी, अति धनवान, ऐश्वर्यवान एवं महाप्रतापी होता है।

(9) मकर लग्न में शनि वृश्चिक राशि में तथा लाभेश मंगल लग्न में हो तो जातक 33वें वर्ष में पांच लाख रुपए कमा लेता है तथा शत्रुओं का नाश करते हुए स्वअर्जित धनलक्ष्मी को भोगता है। ऐसे व्यक्ति को जीवन में अचानक रुपया मिलता है।

(10) मकर लग्न हो, लग्नेश व धनेश शनि, भाग्येश बुध, लाभेश मंगल अपनी-अपनी उच्च व स्वराशि में हो तो जातक करोड़पति होता है।

(11) मकर लग्न के नवम भाव में राहु, शुक्र, शनि और मंगल की युति हो तो जातक अरबपति होता है।

(12) मकर लग्न में धनेश यदि छठे, आठवें, बारहवें स्थान में हो तो "धनहीनयोग" की सृष्टि होती है। जिस प्रकार छिद्र वाले घड़े में पानी नहीं ठहर पाता, ठीक उसी प्रकार से ऐसे जातक के पास रुपया नहीं ठहर पाता। सदैव धन की तंगी बनी रहती है। इस दुर्योग से बचने के लिए अभियंत्रित "शनियंत्र" धारण करें। प्रबुद्ध पाठक यदि चाहें तो यह यंत्र हमारे कार्यालय से प्राप्त किया जा सकता है।

(13) मकर लग्न में धनेश शनि आठवें हो परंतु सूर्य यदि लग्न को देखता हो तो जातक को पृथ्वी में गढ़ा हुआ धन मिलता है या लॉटरी द्वारा धन मिलता है पर धन पास में टिकता नहीं।

(14) मकर लग्न में मंगल लग्न या चौथे स्थान में हो तो "रूचकयोग" बनता है। ऐसा जातक राजा तुल्य ऐश्वर्य को भोगता हुआ अथाह भूमि, संपत्ति व धन का स्वामी होता है।

(15) मकर लग्न में सुखेश लाभेश मंगल नवम भाव में शुभ ग्रहों से दृष्ट हो तो व्यक्ति को अनायास धन की प्राप्ति होती है।

(16) मकर लग्न में गुरु + चंद्र की युति कुंभ, मेष, वृष या कन्या राशि में हो तो इस प्रकार के गजकेसरी योग के कारण व्यक्ति को अचानक उत्तम धन की प्राप्ति होती है। ऐसे व्यक्ति को लॉटरी, शेयर मार्केट या अन्य व्यापारिक स्रोत के कारण अकल्पनीय धन की प्राप्ति होती है।

(17) मकर लग्न में धनेश शनि अष्टम में एवं अष्टमेश सूर्य धनस्थान में परस्पर परिवर्तन करके बैठे हों तो ऐसा जातक गलत तरीके से धन कमाता है। ऐसा व्यक्ति ताश, जुआ, मटका, घुड़रेस, स्मगलिंग एवं अनैतिक कार्यों से धन अर्जित करता है।

(18) मकर लग्न में तृतीयेश गुरु लाभस्थान में एवं लाभेश मंगल तृतीय स्थान में परस्पर परिवर्तन करके बैठे हों तो ऐसें व्यक्ति को भाई, भागीदार एवं मित्रों के द्वारा धन लाभ होता है।

(19) मकर लग्न में बलवान शनि के साथ यदि चतुर्थेश मंगल की युति हो तो व्यक्ति को माता, मातृपक्ष, नौकर एवं भूमि द्वारा धन लाभ होने की संभावना प्रबल रहती है।

(20) 1,4,7,9 स्थानों में यदि सूर्य, मंगल, राहु, शनि बैठे हों तो अन्न-धन का नाश होता है।

(21) लग्न में सूर्य हो, दसवें-7वें क्रमशः शनि मंगल तथा सुख भाव में राहु हो तो वह व उसका परिवार भी पूर्ण दरिद्री होता है।

(22) सूर्य केंद्र में हो और चंद्रमा अपने मित्र के नवमांश में हो तथा चंद्रमा पर गुरु की दृष्टि हो तो जातक धनवान व गुणवान होता है ।

(23) द्वितीय त्रिकोण अर्थात् कन्या राशि में राहु-शुक्र-मंगल-शनि हो तो जातक कुबेर से भी अधिक धनवान होता है ।

(24) द्वादश भाव, चंद्रमा से द्वितीय भाव या चंद्र के साथ कोई ग्रह न हो और लग्न से केंद्र में सूर्य को छोड़कर अन्य कोई ग्रह न हो तो वह जातक दरिद्री व निंदित होता है ।

(25) गुरु व चंद्रमा की युति यदि 4,5,9,11वें भाव में से कहीं भी हो तो जातक को यकायक अर्थ प्राप्ति होती है ।

(26) चंद्रमा व मंगल एक साथ 1,4,7,10 केंद्र भावस्थ 5,9 त्रिकोण में अथवा 2,11 भाव में कहीं हों तो जातक धनाढ्य होता है ।

(27) धनेश तुला राशि में एवं लाभेश मंगल मकर राशिगत अर्थात् लग्न में हो तो जातक धनवान होता है ।

(28) बुध पंचम भावस्थ हो तथा चंद्र, मंगल की युति लाभ भाव में हो तो जातक को यकायक अर्थलाभ होता है ।

(29) चतुर्थेश मंगल व सप्तमेश चंद्रमा सप्तम भाव में ही स्थित हो तो जातक को ससुराल से अर्थ प्राप्ति होती है ।

(30) सप्तमेश चंद्रमा धन भाव में यदि हो तो खोई हुई संपत्ति पुन: प्राप्त होती है अथवा विवाहोपरांत आर्थिक दशा और अधिक सुदृढ़ होती है ।

(31) अष्टमेश पापग्रह से युक्त होकर दशम भावस्थ हो तो राज्य पुरस्कार प्राप्ति करता है अथवा दत्तक माना जाता है और धनी होता है ।

(32) मकर लग्न में यदि बलवान शनि की पंचमेश शुक्र से युति हो तो ऐसे व्यक्ति को पुत्र द्वारा धन की प्राप्ति होती है किंवा पुत्र जन्म के बाद ही जातक का भाग्योदय होता है ।

(33) मकर लग्न में बलवान शनि की यदि षष्टेश बुध से युति हो, धनभाव मंगल से दृष्ट हो तो ऐसे जातक को शत्रुओं के द्वारा धन की प्राप्ति होती है । ऐसा जातक कोर्ट-कचहरी में शत्रुओं को हराता है तथा शत्रुओं के कारण ही उसे धन व यश की प्राप्ति होती है ।

(34) मकर लग्न में बलवान शनि की सप्तमेश चंद्र से युति हो तो जातक का भाग्योदय विवाह के बाद होता है तथा उसे पत्नी, ससुरालपक्ष से धन की प्राप्ति होती है ।

(35) मकर लग्न में बलवान शनि की नवमेश बुध के साथ युति हो तो ऐसा

जातक राजा से, राज्यसरकार से, सरकारी अधिकारियों एवं सरकारी ठेकों से काफी धन कमाता है ।

(36) मकर लग्न में बलवान शनि की दसमेश शुक्र से युति हो तो जातक को पैतृक संपत्ति या पिता द्वारा रक्षित धन की प्राप्ति होती है अथवा पिता का व्यवसाय जातक के भाग्योदय में सहायक होता है ।

(37) मकर लग्न में दसम भाव का स्वामी शुक्र यदि छठे, आठवें या बारहवें स्थान में हो तो जातक को परिश्रम का पूरा लाभ नहीं मिलता । ऐसा जातक जन्मस्थान में नहीं कमा पाता तथा उसे सदैव धन की कमी बनी रहती है ।

(38) मकर लग्न में लग्नेश शनि यदि छठे, आठवें या बारहवें स्थान में हो एवं सूर्य आठवें या बारहवें स्थान में हो तो व्यक्ति कर्जदार होता है तथा धन के मामले में कमजोर होता है ।

(39) मकर लग्न में धनभाव में पापग्रह हो तथा लाभेश मंगल यदि छठे, आठवें या बारहवें स्थान में हो तो व्यक्ति दरिद्री होता है ।

(40) मकर लग्न में केंद्र स्थानों को छोड़कर चंद्रमा बृहस्पति से यदि छठे, आठवें या बारहवें स्थान में हो तो 'शकट योग' बनता है जिसके कारण व्यक्ति को सदैव धन का अभाव रहता है ।

(41) मकर लग्न में धनेश शनि अस्त हो, नीचराशि (मेष) में हो, धनभाव एवं अष्टम भाव में कोई पापग्रह हो तो व्यक्ति सदैव ऋणग्रस्त रहता है, कर्ज उसके सिर से उतरता नहीं ।

(42) मकर लग्न में लाभेश मंगल यदि छठे, आठवें या बारहवें स्थान में हो तथा लाभेश अस्तगत हो, पापपीड़ित हो तो जातक महादरिद्री होता है ।

(43) मकर लग्न में अष्टमेश सूर्य निर्बल होकर कहीं भी बैठा हो तथा अष्टम स्थान में कोई भी ग्रह वक्री होकर बैठा हो तो अकस्मात धनहानि का योग बनता है । ऐसे व्यक्ति को धन के मामले में परिस्थितिवश अचानक भारी नुकसान हो सकता है, अत: सावधान रहें ।

(44) मकर लग्न में अष्टमेश सूर्य शत्रुक्षेत्री, नीचराशिगत एवं पापपीड़ित हो तो जातक को अचानक धन की हानि होती है ।

कुंभ लग्न और धनयोग

कुंभ लग्न में जन्म लेने वाले व्यक्तियों के लिए धनप्रदाता ग्रह बृहस्पति है । धनेश बृहस्पति की शुभाशुभ स्थिति, धनस्थान से संबंध स्थापित करने वाले ग्रहों की स्थिति, योगायोग, बृहस्पति तथा धनभाव पर पड़ने वाले ग्रहों की दृष्टि से जातक की आर्थिक स्थिति, आय के स्रोतों तथा चल-अचल संपत्ति का पता चलता है । इसके अतिरिक्त पंचमेश बुध, भाग्येश शुक्र, लग्नेश शनि की अनुकूल-प्रतिकूल परिस्थितियां भी कुंभ लग्न में जन्मे जातकों के धन, ऐश्वर्य एवं वैभव को घटाने-बढ़ाने में महत्त्वपूर्ण भूमिका निभाती है ।

वैसे कुंभ लग्न के लिए गुरु, चंद्र व मंगल अशुभ हैं । शुक्र शुभ फलदायक है । गुरु मारकेश होकर भी मारक नहीं है । पर घातक ग्रह का कार्य करेगा । सूर्य सप्तमेश एवं लग्नेश का शत्रु होने से यह मारकेश का काम करेगा । षष्टेश चंद्रमा इस लग्न के लिए परमपापी है । अकेला शुक्र योगकारक है ।

राजयोगकारक —मंगल + शुक्र

शुभ व सफल योग—1. शुक्र + शनि, 2. बुध + शुक्र, 3. मंगल + शुक्र, 4 . सूर्य + शुक्र, 5. बुध + शनि

निष्फल योग —1. सूर्य+ बुध

अशुभ योग —1. शनि + गुरु 2. शनि + चंद्र, 3. शनि + मंगल, 4. शनि + सूर्य

लक्ष्मीयोग —बृहस्पति द्वितीय या एकादश में, शुक्र केंद्र त्रिकोण में मंगल दसम भाव में

विशेष योगायोग—

(1) कुंभ लग्न में शुक्र, वृष, तुला या मीन का हो तो जातक को अल्प प्रयत्न से अधिक धन की प्राप्ति होती है। ऐसा जातक धन के मामले में पूर्ण भाग्यशाली होता है।

(2) कुंभ लग्न में बृहस्पति धनु, मीन या कर्क राशि में हो तो जातक भारी धनपति होता है तथा लक्ष्मी ऐसे जातक का पीछा नहीं छोड़ती।

(3) कुंभ लग्न में बृहस्पति शुक्र के घर में तथा शुक्र बृहस्पति के घर में परस्पर परिवर्तन योग बनाकर बैठे हों अर्थात् बृहस्पति वृष या तुला राशि में हो तथा शुक्र, धनु या मीन राशि में हो तो व्यक्ति महाभाग्यशाली होता है। ऐसा व्यक्ति खूब धन कमाता है तथा लक्ष्मी दासी के समान उसकी सेवा करती है।

(4) कुंभ लग्न में बृहस्पति यदि मंगल के घर में एवं मंगल बृहस्पति के घर में परस्पर परिवर्तन योग करके बैठा हो अर्थात् बृहस्पति मेष या वृश्चिक राशि में हो तथा मंगल धनु या मीन राशि में हो तो व्यक्ति महाभाग्यशाली होता है। ऐसा व्यक्ति खूब धन कमाता है तथा लक्ष्मी उसकी अनुचरी होती है।

(5) कुंभ लग्न हो पंचम भाव में बुध हो, गुरु धनुराशि का लाभस्थान में चंद्रमा या मंगल के साथ हो तो 'महालक्ष्मीयोग' बनता है। ऐसे जातक के पास अटूट लक्ष्मी होती है। अपने भुजबल से शत्रुओं को परास्त करता हुआ ऐसा व्यक्ति अखंड राज्यलक्ष्मी को भोगता है।

(6) कुंभ लग्न में मंगल यदि केंद्र-त्रिकोण में हो तथा गुरु स्वगृही हो तो जातक कीचड़ में कमल की तरह खिलता है अर्थात् धीरे-धीरे अपने पुरुषार्थ व पराक्रम से लक्षाधिपति व कोट्याधिपति हो जाता है। ऐसे जातक का भाग्योदय प्राय: 28 व 32 वर्ष की आयु के मध्य होता है।

(7) कुंभ लग्न हो पंचम भाव में बुध हो तथा लाभस्थान में अर्थात् धनु राशि में चंद्र, मंगल हो तो जातक महाधनी होता है।

(8) कुंभ लग्न हो, लग्न में शनि मंगल एवं गुरु की युति हो तो 'महालक्ष्मीयोग' बनता है। ऐसा जातक प्रबल पराक्रमी, अतिधनवान, ऐश्वर्यमान एवं महाप्रतापी होता है।

(9) कुंभ लग्न में शनि धनु राशि में हो तथा लाभेश गुरु लग्न में हो तो जातक 33वें वर्ष में पांच लाख रुपये कमा लेता है तथा शत्रुओं का नाश करते हुए स्वअर्जित धनलक्ष्मी को भोगता है। ऐसे व्यक्ति को जीवन में अचानक

रुपया मिलता है ।

(10) कुंभ लग्न हो, लग्नेश शनि, धनेश व लाभेश बृहस्पति, भाग्येश शुक्र अपनी-अपनी उच्चराशि या स्वराशि में हो तो जातक करोड़पति होता है ।

(11) कुंभ लग्न में धनेश बृहस्पति यदि छठे, आठवें, बारहवें स्थान में हो 'धनहीन योग' की सृष्टि होती है । जिस प्रकार घड़े में छिद्र होने के कारण उसमें पानी नहीं ठहर पाता, ठीक उसी प्रकार से ऐसे व्यक्ति के पास धन नहीं ठहरता । उसे सदैव रुपयों की तंगी रहती है । इस दुर्योग की निवृत्ति हेतु जातक को अभियंत्रित 'गुरुयंत्र' धारण करना चाहिए । पाठक चाहें तो 'गुरुयंत्र' हमारे कार्यालय से प्राप्त कर सकते हैं ।

(12) कुंभ लग्न में धनेश बृहस्पति आठवें हो तथा सूर्य यदि लग्न को देखता हो तो जातक को पृथ्वी में गढ़ा हुआ धन मिलता है या लॉटरी से रुपया मिलता है पर रुपया उसके पास टिकता नहीं ।

(13) कुंभ लग्न में मंगल यदि दसम भाव में वृश्चिक का हो तो 'रूचकयोग' बनता है । ऐसा जातक राजातुल्य ऐश्वर्य को भोगता हुआ अथाह भूमि, संपत्ति एवं धन का स्वामी होता है ।

(14) कुंभ लग्न में सुखेश शुक्र, लाभेश गुरु की युति नवम भाव में मंगल से दृष्ट हो तो व्यक्ति को अचानक धन की प्राप्ति होती है ।

(15) कुंभ लग्न में गुरु + चंद्र की युति मीन, वृष, मिथुन, या तुला राशि में हो तो इस प्रकार के गजकेसरी योग के कारण व्यक्ति को अनायास उत्तम धन की प्राप्ति होती है । ऐसे व्यक्ति को लॉटरी, शेयर मार्केट या अन्य व्यापारिक स्रोत के द्वारा अकल्पनीय धन की प्राप्ति हेाती है ।

(16) कुंभ लग्न में धनेश गुरु अष्टम में एवं अष्टमेश बुध धनस्थान में परस्पर परिवर्तन करके बैठे हों तो ऐसा व्यक्ति गलत तरीके से धन कमाता है । ऐसा व्यक्ति ताश, जुआ, मटका, घुड़रेस, स्मगलिंग एवं अनैतिक कार्यों से धन अर्जित करता है ।

(17) कुंभ लग्न में तृतीयेश मंगल लाभस्थान में एवं लाभेश गुरु तृतीय स्थान में परस्पर परिवर्तन करके बैठा हो तो ऐसे व्यक्ति को भाई, भागीदारों, कुटंबीजनों एवं मित्रों द्वारा धन लाभ होता है ।

(18) कुंभ लग्न में बलवान गुरु यदि चतुर्थेश शुक्र से युति करके बैठा हो तो ऐसे व्यक्ति को माता, मातृपक्ष, वाहन व नौकरी द्वारा धन की प्राप्ति होती है ।

(19) केंद्र में बुध, सूर्य, राहु, शनि आदि हों तथा 2 ग्रह त्रिकोण स्थान में हों तो जातक परम भाग्यशाली, प्रभावी, धनवान, शक्ति संपन्न होता है ।

(20) दसवें भाव में अर्थात् वृश्चिक राशि में चंद्र-शनि का योग हो तो वह जातक कुबेर तुल्य ऐश्वर्य संपन्न होता है ।

(21) कुंभ लग्न हो, शनि लग्न में स्व का स्थित हो मंगल की 8 वीं दृष्टि शनि पर हो तो 'राजराजेश्वर योग' होने से जातक पूर्णरूपेण संपन्न, सुखी, धनवान, दीर्घायु होता है ।

(22) द्वितीय भाव में गुरु तथा 11वें भाव में शुक्र हो तो कंगाल के घर में जन्म लेकर भी लक्षाधिपति बनता है ।

(23) गुरु नवम भाव में तथा शुक्र दशम भावस्थ हो, ऐसे शुक्र पर शनि की दृष्टि हो तो जातक लखपति बनता है ।

(24) यदि सूर्य और मंगल अष्टम भाव में अर्थात् कन्या राशि में हों तो दोनों की दशायें घोर कष्ट देती हैं । लक्षाधिपति भी दरिद्र जीवन व्यतीत करता है ।

(25) दशम भाव मे शनि अकेला हो तो व्यक्ति निश्चय ही करोड़पति होता है ।

(26) बृहस्पति धन भाव अथवा धनेश केंद्र, त्रिकोण या 11वें भाव में हो तो जातक धनवान होता है ।

(27) बृहस्पति धनेश कहीं भी मंगल के साथ हो तो वह जातक धनवान होता है ।

(28) दशमेश व धनेश केंद्र भाव अथवा त्रिकोण 5, 9वें भाव में हो तो जातक को अनायास अर्थलाभ होता है ।

(29) लग्नेश गुरु अष्टम भाव में तथा अष्टमेश बुध लाभस्थान में हो तो भूमि द्वारा धन लाभ होता है ।

(30) शुक्र, सप्तमेश सूर्य तथा भाग्येश एक साथ हो तो जातक को ससुराल से धन प्राप्त होता है ।

(31) शनि, राहु अथवा केतु धन भावस्थ हो तो कभी धन प्राप्त हो जाता है कभी नहीं । धन को लेकर संघर्ष बना रहता है ।

(32) यदि तृतीयेश पंचमस्थ पंचमेश से युक्त हो तो जातक का भाई उच्च पद पर होता है अथवा स्वयं सत्ता प्राप्त व्यक्ति होता है अथवा ईश्वर कृपा से संपत्तिवान् होता है ।

(33) जन्म अथवा चंद्र से दशम भावस्थ गुरु धनवान भ्राता से आर्थिक लाभ का द्योतक है ।

(34) कुंभ लग्न में व्ययस्थान का स्वामी शनि बारहवें (व्ययस्थान में) ही हो तो व्यक्ति का धन पाप कार्य में खर्च होता है ।

(35) कुंभ लग्न में बृहस्पति बारहवें हो, लग्न पर शुभ ग्रह की दृष्टि न हो तो अकस्मात धन हानि होती है1

(36) कुंभ लग्न में यदि बलवान गुरु की पंचमेश बुध से युति हो, द्वितीय भाव शुभ ग्रहों से दृष्ट हो तो ऐसे व्यक्ति को पुत्र द्वारा धन की प्राप्ति होती है। किंवा पुत्र जन्म के बाद ही जातक का भाग्योदय होता है।

(37) कुंभ लग्न में बलवान गुरु की षष्टेश चंद्रमा से युति हो, धनभाव मंगल या शनि से दृष्ट हो तो जातक को शत्रुओं के द्वारा धन की प्राप्ति होती है। ऐसा जातक कोर्ट-कचहरी में शत्रुओं को हराता है तथा शत्रुओं के कारण ही उसे धन व यश की प्राप्ति होती है।

(38) कुंभ लग्न में बलवान गुरु की यदि सप्तमेश सूर्य से युति हो तो जातक का भाग्योदय विवाह के बाद होता है तथा उसे पत्नी, ससुराल पक्ष से धन की प्राप्ति होती है।

(39) कुंभ लग्न में बलवान गुरु की यदि नवमेश शुक्र से युति हो तो जातक राजा से, राज्य सरकार से, सरकारी अधिकारियों, सरकारी ठेकों से काफी धन कमाता है।

(40) कुंभ लग्न में बलवान गुरु की दसमेश मंगल से युति हो तो जातक को पैतृक संपत्ति, पिता द्वारा रक्षित धन की प्राप्ति होती है अथवा पिता का व्यवसाय जातक के भाग्योदय में सहायक होता है।

(41) कुंभ लग्न में दसम भवन का स्वामी मंगल यदि छठे, आठवें या बारहवें स्थान में हो तो जातक को परिश्रम का पूरा लाभ नहीं मिलता, जन्मस्थान में जातक नहीं कमा पाता तथा उसे सदैव धन की कमी बनी रहती है।

(42) कुंभ लग्न में लग्नेश शनि यदि छठे, आठवें या बारहवें स्थान में हो एवं सूर्य छठे या बारहवें स्थान में हो तो व्यक्ति कर्जदार होता है तथा धन के मामले में कमजोर होता है।

(43) कुंभ लग्न के धन स्थान में पापग्रह हो तथा लाभेश गुरु यदि छठे, आठवें या बारहवें स्थान में हो तो व्यक्ति दरिद्री होता है।

(44) कुंभ लग्न में केंद्र स्थानों को छोड़कर चंद्रमा बृहस्पति से यदि छठे, आठवे या बारहवें स्थान में हो तो शकट योग बनता है जिसके कारण व्यक्ति को सदैव धन का अभाव बना रहता है।

(45) कुंभ लग्न में धनेश गुरु यदि अस्त हो, नीचराशि (मकर) में हो तथा धन स्थान एवं अटष्म भाव में कोई पापग्रह हो व्यक्ति सदैव ऋणग्रस्त रहता है, कर्ज उसके सिर से उतरता ही नहीं।

(46) कुंभ लग्न में लाभेश गुरु यदि छठे, आठवें या बारहवें स्थान में हो तथा लाभेश अस्तगत हो तथा पापपीड़ित हो तो जातक महादरिद्री होता है।

(47) कुंभ लग्न में अष्टमेश बुध वक्री होकर कहीं बैठा हो तथा अष्टमस्थान में कोई भी ग्रह वक्री होकर बैठा हो तो अकस्मात धन हानि का योग बनता है । अर्थात् ऐसे व्यक्ति को धन के मामले में परिस्थितिवश अचानक भारी नुकसान हो सकता है, अत: सावधान रहें ।

(48) कुंभ लग्न में अष्टमेश बुध शत्रुक्षेत्री, नीच का या अस्तगत हो तो व्यक्ति को अचानक धन की प्राप्ति होती है ।

(49) कुंभ लग्न हो, धनेश गुरु केंद्रवर्ती होकर धनभाव को देखता हो तथा लग्नस्थान में शनि + मंगल + सूर्य की युति हो तो जातक अरबपति होता है तथा विवाह के बाद इतना धन कमाता है जिसकी वह स्वयं कल्पना नहीं कर सकता ।

मीन लग्न धनयोग

मीन लग्न में जन्म लेने वाले व्यक्तियों के लिए धनप्रदाता ग्रह मंगल है। धनेश मंगल की शुभाशुभ स्थिति, धनस्थान से संबंध स्थापित करने वाले ग्रहों की स्थिति, योगायोग, बृहस्पति तथा धनभाव पर पड़ने वाले ग्रहों की दृष्टि से जातक की आर्थिक स्थिति, आय के स्रोतों तथा चल-अचल संपत्ति का पता चलता है। इसके अतिरिक्त पंचमेश चंद्रमा, लग्नेश बृहस्पति तथा लाभेश शनि की अनुकूल-प्रतिकूल परिस्थितियां भी मीन लग्न में जातकों के धन, ऐश्वर्य एवं वैभव को घटाने-बढ़ाने में महत्त्वपूर्ण निभाती हैं।

वैसे मीन लग्न के लिए शनि, शुक्र, सूर्य व बुध अशुभ होते हैं।

मंगल और चंद्र शुभ फलदायक होते हैं। मंगल मारकेश होते हुए भी मारक का काम नहीं करेगा। शनि व्ययेश होने से सहायक मारकेश का काम करेगा। सूर्य, शुक्र व शनि परमपापी ग्रह है। अकेला गुरु राजयोगकारक है। बुध सप्तमेश होने में मारक ग्रह हैं।

सफल व शुभ योग—1. मंगल + गुरु, 2. गुरु + चंद्र
राजयोगकारक ग्रह—चंद्र, गुरु
निष्फलयोग —मंगल + बुध
अशुभयोग —1. गुरु + शुक्र, 2. गुरु + सूर्य, 3. गुरु + बुध
लक्ष्मीयोग —मंगल नवम में, गुरु केंद्र-त्रिकोण में शनि एकादश में

विशेष योगायोग—

(1) मीन लग्न में लग्नस्थ बृहस्पति + बुध एवं मंगल से युत हो अथवा लग्न स्थित बुध बृहस्पति मंगल से दृष्ट हो तो जातक महाधनशाली होता है।

(2) मीन लग्न में मंगल मेष, वृश्चिक या मकर राशि का हो तो ऐसा जातक अल्प प्रयत्न से भारी धन कमाता है। ऐसा जातक धन के मामले को लेकर भाग्यशाली कहा जा सकता है। लक्ष्मी ऐसे जातक का पीछा नहीं छोड़ती है।

(3) मीन लग्न हो, बृहस्पति लग्न में हो तथा बुध एवं शनि अपनी स्वराशि में हो तो ऐसा व्यक्ति धनवानों में अग्रगण्य होता है तथा पद-पद पर लक्ष्मी उसके साथ चलती है।

(4) मीन लग्न में मंगल यदि शनि के घर में एवं शनि मंगल के घर में परस्पर राशि परिवर्तन करके बैठा हो अर्थात् मंगल मकर या कुंभ राशि में हो तथा शनि मेष या वृश्चिक राशि में हो तो व्यक्ति महाभाग्यशाली होता है। जीवन में खूब धन कमाता है तथा लक्ष्मी उसकी दासी के समान सेवा करती है।

(5) मीन लग्न में बृहस्पति यदि केंद्र-त्रिकोण में कहीं भी हो तथा मंगल स्वगृही हो तो ऐसा जातक कीचड़ में कमल की तरह खिलता है अर्थात् सामान्य परिवार में जन्म लेकर भी धीरे-धीरे अपने पराक्रम व पुरुषार्थ से लक्षाधिपति, कोट्याधिपति हो जाता है। ऐसे जातक का भाग्योदय प्राय: 28 वर्ष की आयु के बाद होता है।

(6) मीन लग्न हो, पंचम में चंद्रमा स्वगृही हो तथा शनि मकर राशि का लाभ स्थान में हो तो जातक लक्षाधिपति होता है।

(7) मीन लग्न में कर्क का बुध पांचवें तथा मकर का शनि लाभ में हो तो जातक धनी होता है।

(8) मीन लग्न में चंद्रमा पांचवें, गुरु स्वगृही धनु या मीन का वही बैठा हो तो जातक महाधनी होता है।

(9) मीन लग्न में बृहस्पति + चंद्र + मंगल की युति हो तो 'महालक्ष्मी योग' बनता है। ऐसा जातक प्रबल पराक्रमी, अतिधनवान, ऐश्वर्यमान एवं महाप्रतापी होता है।

(10) मीन लग्न में बृहस्पति + बुध एवं मंगल से युत हो तो 'महालक्ष्मी योग' बनता है। ऐसा जातक अपने बुद्धिबल से शत्रुओं को परास्त करता हुआ,

महाधनी एवं अतिप्रतापी होता है।

(11) मीन लग्न में बृहस्पति मकर राशि में हो तथा शनि मीन राशि में हो तो जातक 33वें वर्ष में पांच लाख रुपए कमा लेता है तथा शत्रुओं का नाश करते हुए स्वअर्जित धनलक्ष्मी को भोगता है। ऐसे व्यक्ति को जीवन में अचानक रुपया मिलता है।

(12) मीन लग्न हो, लग्नेश बृहस्पति, धनेश व भाग्येश मंगल तथा लाभेश शनि यदि अपनी-अपनी उच्च व स्वराशि में हो तो जातक करोड़पति होता है।

(13) मीन लग्न के सप्तम भाव में राहु, शुक्र, मंगल और शनि की युति हो तो जातक अरबपति होता है।

(14) मीन लग्न में धनेश मंगल यदि छठे, आठवें या बारहवें स्थान में हो तो 'धनहीनयोग' की सृष्टि होती है। जिस प्रकार घड़े में छिद्र होने के कारण उसमें पानी नहीं ठहर पाता। सदैव रुपयों की कमी बनी रहती है। इस योग की निवृत्ति हेतु गले में अभिमंत्रित 'मंगल यंत्र' धारण करना चाहिए। पाठक चाहें तो 'मंगल यंत्र' हमारे कार्यालय से प्राप्ति कर सकते हैं।

(15) मीन लग्न में धनेश मंगल यदि आठवें हो परंतु सूर्य यदि लग्न को देखता हो तो ऐसे व्यक्ति को भूमि में गढ़े हुए धन की प्राप्ति होती है या लॉटरी से रुपया मिल सकता है पर रुपया पास में टिकेगा नहीं।

(16) मीन लग्न में मंगल यदि नवम भाव में वृश्चिक राशि का हो तो रूचकयोग बनता है। ऐसा जातक राजातुल्य ऐश्वर्य को भोगता हुआ, अथाह भूमि, संपत्ति व धन का स्वामी होता है।

(17) मीन लग्न में सुखेश बुध, लाभेश शनि यदि नवम भाव में मंगल से दृष्ट हो तो जातक को अनायास धन की प्राप्ति होती है।

(18) मीन लग्न में चंद्र + गुरु की युति मेष राशि, मिथुन राशि, कर्क राशि या वृश्चिक राशि में हो तो इस प्रकार के गजकेसरी योग के कारण व्यक्ति को अचानक उत्तम धन की प्राप्ति होती है। ऐसे व्यक्ति को लॉटरी, शेयर मार्केट या अन्य व्यापारिक स्रोत के द्वारा अकल्पनीय धन की प्राप्ति होती है।

(19) मीन लग्न में धनेश मंगल अष्टम में एवं अष्टमेश शुक्र धन स्थान में परस्पर परिवर्तन करके बैठे हों तो ऐसा जातक गलत तरीके से धन कमाता है। ऐसा व्यक्ति ताश, जुआ, मटका, घुड़रेस, स्मगलिंग एवं अनैतिक कार्यों से धन अर्जित करता है।

(20) मीन लग्न हो, तृतीयेश शुक्र, लाभ में एवं लाभेश शनि तृतीय स्थान में

परस्पर परिवर्तन करके बैठे हों तो ऐसे व्यक्ति को भाई, मित्र एवं भागीदारों के द्वारा धन की प्राप्ति होती है ।

(21) मीन लग्न में बलवान मंगल के साथ यदि चतुर्थेश बुध की युति हो तो व्यक्ति की माता के द्वारा, भूमि के द्वारा धन की प्राप्ति होती है ।

(22) लग्नेश गुरु धन भवन में हो, मंगल का लग्नेश से संबंध हो तो जातक उच्च कोटि का व्यापारी होता है ।

(23) मीन लग्न हो तथा शुक्र द्वादश स्थान में हो तो वह शुभ नहीं रहता, ऐसा जातक निश्चय ही ऋणग्रस्त रहता है ।

(24) यदि द्वादश स्थान में कुंभ राशिस्थ चंद्रमा हो तो जातक निश्चय ही लखपति के घर जन्म लेकर भी साधारण जीवन व्यतीत करता है ।

(25) मंगल यदि उच्च का एकादश स्थान में हो जातक निश्चय ही करोड़पति होता है । चाहे जातक का कोई भी सहायक न हो ।

(26) कर्क राशि में पंचम भाव में मंगल हो तो जातक का धन स्त्री एवं स्त्री के भाई द्वारा नष्ट होता है ।

(27) यदि दूसरे भाव में चंद्रमा एवं 5 वें भाव में मंगल हो तो मंगल की दशा में श्रेष्ठ धन लाभ होता है ।

(28) गुरु छठे भाव में हो, शुक्र 8 वें, शनि 12 वें तथा चंद्रमा-मंगल 11वें भावस्थ हों तो उच्चातिउच्च धनदायक योग बनता है ।

(29) चंद्रमा व मंगल का योग हो, लाभेश व धनेश चतुर्थ भावस्थ हो तथा चतुर्थेश शुभ स्थान में शुभ यत एवं दृष्ट हो तो जातक को अचानक धन की प्राप्ति होती है ।

(30) द्वितीयेश, पंचमेश अथवा द्वितीयेश एकादशेश परस्पर स्थानांतरित होते हैं या नवमेश नवम, पंचम भाव में ही हो तो उत्तम धनयोग होता है ।

(31) द्वितीयेश, एकादशेश, पंचमेश से संबंध करे तो उत्तम अर्थ योग होता है ।

(32) द्वितीयेश-एकादशेश साथ-साथ हों और मीन लग्न हो तो धन का नाश होता है ।

(33) लग्नेश गुरु, चतुर्थेश बुध, नवमेश मंगल मिलकर यदि अष्टम भाव में हो तो जातक दरिद्री होता है ।

(34) द्वादशेश व द्वितीयेश स्थान परिवर्तन किए हुए हों तो भी धन का नाश होता है ।

(35) यदि बुध, गुरु, शुक्र एवं शुक्ल पक्ष के चंद्रमा को पाप ग्रह देखते हों तो जातक भाग्यशाली तो नहीं परंतु धनवान अवश्य होता है ।

(36) मीन लग्न में व्ययेश शनि यदि व्यय भाव में ही हो तो ऐसे व्यक्ति का धन पाप कर्म में या फिजूल खर्ची में समाप्त हो जाता है ।

(37) मीन लग्न में सूर्य और चंद्रमा दोनों ही कुंभ राशि में हों तथा तीन-चार ग्रह नीच के हों तो व्यक्ति करोड़पति के घर में जन्म लेकर भी दरिद्री होता है ।

(38) मीन लग्न में यदि बलवान मंगल की पंचमेश चंद्र से युति हो तो ऐसे व्यक्ति को पुत्र द्वारा धन की प्राप्ति होती है । किंवा पुत्र जन्म के बाद ही जातक का भाग्योदय होता है ।

(39) मीन लग्न में बलवान मंगल की यदि षष्टेश सूर्य के साथ युति हो, धनभाव पर शनि की दृष्टि हो तो जातक को शत्रुओं के द्वारा उसे धन व यश की प्राप्ति होती है ।

(40) मीन लग्न में बलवान मंगल की सत्रमेश बुध से युति हो तो जातक का भाग्योदय विवाह के बाद होता है तथा उसे पत्नी, ससुराल पक्ष में धन की प्राप्ति होती है ।

(41) मीन लग्न में बलवान मंगल यदि नवम भाव में, लग्नेश गुरु से युत या दृष्ट हो तो व्यक्ति राजा, राज्य सरकार से, सरकारी अधिकारियों, सरकारी अनुबंधन (ठेकों) से काफी धन कमाता है ।

(42) मीन लग्न में बलवान मंगल की दसमेश गुरु से युति हो तो जातक को पैतृक संपत्ति, पिता द्वारा रक्षित धन की प्राप्ति होती है अथवा पिता का व्यवसाय जातक के भाग्योदय में सहायक होता है ।

(43) मीन लग्न में दसम भाव का स्वामी गुरु यदि छठे , आठवें या बारहवें स्थान में हो तो जातक को परिश्रम का परा लाभ नहीं मिलता । ऐसा व्यक्ति जन्म स्थान में नहीं कमाता, उसे सदा धन की कमी बनी रहती है ।

(44) मीन लग्न में लग्नेश बृहस्पति यदि छठे, आठवें या बारहवें स्थान में हो एवं सूर्य तुला का आठवें हो तो व्यक्ति कर्जदार होता है । तथा उसकी आर्थिक स्थिति कमजोर होती है ।

(45) मीन लग्न के धनभाव में पापग्रह हो तथा लाभेश शनि यदि छठे, आठवें या बारहवें स्थान में हो तो व्यक्ति दरिद्री होता है ।

(46) मीन लग्न के केंद्र स्थानों को छोड़कर चंद्रमा बृहस्पति से यदि छठे, आठवें या बारहवें स्थान में हो तो 'शकटयोग' बनता है जिसके कारण व्यक्ति को सदैव धन का अभाव रहता है ।

(47) मीन लग्न में धनेश मंगल अस्त हो, नीच राशि (कर्क) में हो तथा धन स्थान एवं अष्टम भाव में कोई भी पापग्रह हो तो व्यक्ति सदैव ऋणग्रस्त रहता है,

कर्ज उसके सिर से उतरता नहीं ।

(48) मीन लग्न में लाभेश शनि यदि छठे, आठवें या बारहवें स्थान में हो तथा लाभेश अस्तगत, पापपीड़ित हो तो जातक महादरिद्री होता है ।

(49) मीन लग्न में अष्टमेश शुक्र वक्री होकर कहीं बैठा हो तथा अष्टम स्थान में कोई भी ग्रह वक्री होकर बैठा हो तो अकस्मात धन हानि का योग बनता है । अर्थात् ऐसे व्यक्ति को धन के मामले में परिस्थितिवश अचानक भारी नुकसान हो सकता है, फलत: सावधान रहें ।

(50) मीन लग्न में अष्टमेश शुक्र व शत्रुक्षेत्री, नीचराशिगत या अस्त हो तो अचानक धन की हानि होती है ।

(1) लक्ष्मी योग

निष्पत्ति— **धनेशे केन्द्रराशिस्थे, लाभेशे तत्त्रिकोणगे।**
गुरु शुक्रयुते दृष्टे, लक्ष्मीवान् उदीरयेत॥

— बृहत्पाराशर होराशास्त्र अ० 13/ श्लोक 5

परिणाम — धनेश केंद्र में हो, उससे त्रिकोण (5,9) लाभेश हो अथवा धनेश गुरु, शुक्र से युत किंवा दृष्ट हो, तो जातक पूर्ण लक्ष्मीवान होता है। इस योग के कारण मनुष्य धन-धान्य, रत्न-भूषण से परिपूर्ण एवं सुखी जातक होता है। यद्यपि धन के लिए इन्हें निरंतर परिश्रम करना पड़ता है तथापि समाज में इनकी प्रतिष्ठा होती है।

(2) लक्ष्मी योग

निष्पत्ति — यदि भाग्येश अपनी उच्च राशि, मूल त्रिकोण अथवा स्वराशि का होकर केंद्र में हो तो लक्ष्मी योग बनता है।

परिणाम — ऐसे व्यक्ति भाग्यशाली होते हैं। इनको अल्प प्रयत्न से ही धन की प्राप्ति हो जाती है। लक्ष्मी इन पर प्रसन्न रहती है। इस योग के कारण आप धनवान, सुखी एवं संपन्न व्यक्तियों की श्रेणी में माने जाएंगे।

(3) लक्ष्मी योग

निष्पत्ति— **लाभाच्च लाभगे जीवे, बुध चन्द्र समन्विते।**
धन-धान्यधिपः श्रीमान् रत्नाद्याभरणै र्युतः॥

—बृहत्पाराशर होराशास्त्र, अ 22/ श्लोक 7

परिणाम — लाभ भाव से ग्यारहवें स्थान अर्थात् नवम भाव में बुध, चंद्र, गुरु हो तो व्यक्ति धन-धान्य, रत्न-आभूषण से युत लक्ष्मीवान होता है। नवम भाव ज्योतिष में लक्ष्मी का स्थान माना गया है। नवम भाव में इन तीन ग्रहों के होने से लक्ष्मी उस जातक पर सदैव

प्रसन्न रहती है। इस योग के कारण आप धनवान, सुखी एवं संपन्न व्यक्तियों की श्रेणी में गिने जाएंगे।

(4) लक्षाधिपति योग

निष्पत्ति — **चन्द्रभौमयोगे धनी।** *—जातकतत्वम् 2/10*

अथवा

चन्द्रेण मंगलो युक्तो, जन्मकाले यदाभवेत्।
तस्य जातस्य गेहं तु, लक्ष्मीनैव गच्छति॥

—मानसागरी, अ० 4/ श्लोक 8

परिणाम — चंद्रमा और मंगल की युति अथवा चंद्रमा और मंगल का परस्पर दृष्टि संबंध कुंडली में कहीं भी हो जातक को लक्षाधिपति बनाता है। आपकी कुंडली में यह योग स्पष्ट रूप से बना है। अत: आप एक धनवान एवं संपन्न व्यक्ति होंगे। यदि यह युति मेष, वृष, कर्क, वृश्चिक और मकर राशि में हो तो जातक महाधनी होता है और लक्ष्मीदेवी सदैव उस पर प्रसन्न रहती है।

उदाहरण — जन्म 4-9-1949

समय 04-04- A.M. (जोधपुर)

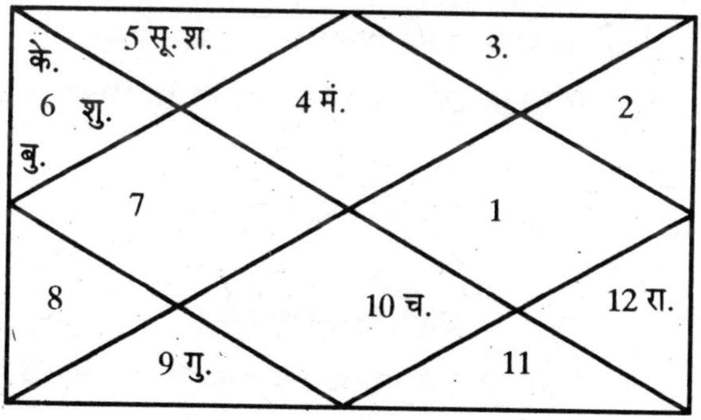

जन्म 21-1-1966
समय 8-00 प्रातः, जोधपुर (राज०)

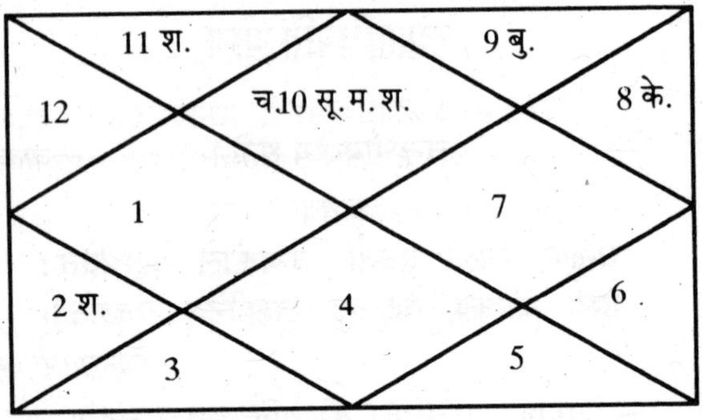

उपरोक्त दोनों कुंडली वाले जातक चंद्र + मंगल की युति से बने लक्षाधिपति योग के कारण ही धनवान हैं।

परामर्श-- (1) उपरोक्त योग में जन्मे व्यक्ति अपनी आर्थिक स्थिति और ज्यादा सुदृढ़ करना चाहें तो त्रिलोह धातु में मूंगा + मोती की अंगूठी पुष्य नक्षत्र में बनवा कर, मंत्रपूत करके धारण करें।

(2) इससे भी शक्तिशाली उपाय करना चाहें तो चांदी के लॉकेट में बीसा यंत्र बनवा कर नीचे मूंगा + मोती पुष्य नक्षत्र के दिन जड़वावें। उस पर रुद्राभिषेक एवं प्राणप्रतिष्ठा करवा कर उसे धारण करें।

(3) चंद्रमा का उपाय संख्या 11,12, या 15 करें।

(4) मंगल का उपाय संख्या 11,14,15,16,19 या 24 व 27 करें।

(5) लक्षाधिपति योग

निष्पत्ति — **चतुर्ष स्वर्क्ष गेषु धनी।** — *जातकतत्वम्, अ० 2/8*

परिणाम — किसी भी जन्म कुंडली में यदि चार ग्रह स्वराशि में हों तो जातक लक्षाधिपति होता है। यदि इनमें दो ग्रह उच्च के हों तो जातक अतिधनवान होता है। यदि आपकी कुंडली में यह योग बना है अतः आप स्पष्ट रूप से धनवान एवं संपन्न व्यक्ति होंगे।

(6) लक्षाधिपति योग

निष्पत्ति— **सौम्यैः उपचयगैः बहुधनः ।** *—जातकतत्वम् 2/13*

परिणाम— यदि शुभ ग्रह (शुक्र, बुध, चंद्र, गुरु) उपचय 3,6,10,11 स्थानों में हों लग्नेश का नवांशेष बली हो, लग्नेश बलवान हो, शुभ ग्रहों से दृष्ट हो तो जातक लक्षाधिपति से भी कुछ ऊपर होता है तथा अत्यधिक धनवान होता है ।

(7) लक्षाधिपति योग

निष्पत्ति— **लग्नं लग्नेश संयुक्तं, यस्य जन्मनि जायते।**
न मुंचति ग्रह तस्य, कुलस्त्रिय इवश्रियः ।।

—मानसागरी, अ० 4/(धनयोग)7

परिणाम — किसी भी कुंडली में लग्नेश का स्वामी यदि लग्न में स्वगृही है जो जातक लक्षाधिपति होता है । शास्त्रकार कहते हैं कि कुलस्त्री के समान लक्ष्मी उसका घर नहीं छोड़ती । यदि आपकी कुंडली में यह योग बना है तो धनवान एवं संपन्न व्यक्ति होंगे ।

(8) लक्षाधिपति योग

निष्पत्ति — **लग्नेशे धनलाभराशि पयुते लग्ने बहुद्रव्यवान् ।**

परिणाम — लग्न स्वामी धनेश और लाभेश से युत हो या दृष्ट हो तो जातक लक्षाधिपति होता है । आपकी कुंडली में यह योग बना है अतः आप धनवान एवं संपन्न व्यक्ति होंगे ।

(9) लक्षाधिपति योग

निष्पत्ति — **बल्यर्थेशः रवापांगको धनी ।** *—जातकतत्वम् 2/9*

परिणाम — धनस्थान का स्वामी बलवान होकर यदि नवम, दसम या

एकादश स्थानों में चला जाता है तो जातक लक्षाधिपति होता है। आपकी कुंडली में यह योग बनता है। अत: आप एक धनवान एवं संपन्न व्यक्ति होंगे।

(10) लक्षाधिपति योग

निष्पत्ति — **सिंहासने धनेशे धनी।** —*जातकतत्वम् 2/6*

परिणाम — धनस्थान का स्वामी केंद्र (1/4/7/10) में उच्च का हो तो जातक लक्षाधिपति होता है। आपकी कुंडली में यह योग बना है। अत: आप एक धनवान एवं संपन्न व्यक्ति होंगे।

(11) लक्षाधिपति योग

निष्पत्ति — **धनायपौ केन्द्रगौ धनलाभ:।** —*जातकतत्वम् 2/62*

परिणाम — दूसरे और ग्यारहवें स्थान का स्वामी केंद्र 1,4,7,10 में होवे तो जातक लक्षाधिपति होता है। आपकी कुंडली में योग बना है अत: आप एक धनवान एवं संपन्न व्यक्ति होंगे।

(12) लक्षाधिपति योग

निष्पत्ति — **रन्ध्रे सौम्या धनलाभ:।** —*जातकतत्वम् 2/68*

परिणाम — धनेश स्वगृही हो और अष्टम स्थान में शुभ ग्रह हो तो जातक लक्षाधिपति होता है। आपकी कुंडली में यह योग घटित होता है। अत: आप एक धनवान एवं संपन्न व्यक्ति हैं।

(13) लक्षाधिपति योग

निष्पत्ति — **धने पापग्रहा: प्रोक्ता धनवान:।** —*सर्वार्थ चिंतामणि।*

परिणाम — धनस्थान में पापग्रह सूर्य या मंगल स्वगृही या उच्च के हों तो

जातक लक्षाधिपति होता है। आपकी कुंडली में यह योग घटित होता है। अत: आप एक धनवान एवं संपन्न व्यक्ति होंगे।

(14) लक्षाधिपति योग

निष्पत्ति—धनाधिपो मान नवायलाभे, बली यदा तिष्ठतिजन्मका।
रमाविहारालयवासिनीया, निजोचमित्रालयगोजनपनाम्॥ —*भा० कु०*

परिणाम — धनेश यदि दसम, नवम व एकादश भाव में बलवान होकर बैठा हो, धनेश इन भावों यदि अपने मित्र के घर में हर्षित हो तो जातक लक्षाधिपति होता है। शास्त्रकार कहते हैं कि धन की अधिष्ठात्री देवी लक्ष्मी सदैव उसके घर में विहार करती है। यदि आपकी कुंडली में यह योग बना है तो आप धनवान एवं संपन्न व्यक्ति होंगे।

(15) लक्षाधिपति योग

निष्पत्ति—कुटुंब भावे बहुखेट युक्ते, धनप्रद्रव्योम चरे बलाढ्ये:।
स्वतुंगमित्रस्वगृहोपगे वा धनं समेत्या मरणान्तमाहु:॥—*जातक पारिजात*

परिणाम — धन स्थान में बहुत से शुभ ग्रह हो और धनकारक बृहस्पति उच्च मित्र या स्वराशि का होकर कहीं बैठा हो तो जातक लक्षाधिपति होता है तथा मरते दम तक उसको रुपयों की कभी कमी नहीं रहती। आपकी कुंडली में यह योग बना है अत: आप पूर्ण धनी एवं मानी व्यक्ति हैं।

(16) लक्षाधिपति योग

लग्नेश धनेश परिर्वतन योग

निष्पत्ति— वित्ताधीशे लग्ननाथे वित्तस्थाने यत्नतो वित्तमेव।

परिणाम — धन स्थान का स्वामी लग्न में और लग्न का स्वामी धनस्थान में परस्पर परिवर्तन करके बैठें तो जातक बिना यत्न के लक्षाधिपति

होता है। अत: लक्ष्मी स्वत: ही जातक के पास आती रहती है। आपकी कुंडली में यह योग बना है। अत: आप भाग्यशाली, लक्ष्मीपति होंगे।

(17) लक्षाधिपति योग

निष्पत्ति— **चन्द्रः कुटुम्ब भवने शुक्रेण निरीक्षितः प्रदाता च।**

—जातक पारिजात

परिणाम — धनस्थान में चंद्रमा कोई भी राशि में हो परंतु शुक्र से युत या दृष्ट हो तो जातक लक्षाधिपति होता है। यह योग आपकी कुंडली में बना है अत: आप एक धनवान एवं संपन्न व्यक्ति हैं।

(18) लक्षाधिपति योग

निष्पत्ति — **सौम्ये शुभ संदृष्टे स एव धनवान् सदा ज्ञेयः।** *—जातक पारिजात*

परिणाम — धनस्थान में बुध कोई भी राशि में हो परंतु शुभग्रह से युत या दृष्ट हो तो जातक लक्षाधिपति होता है। यह योग आपकी कुंडली में बना है अत: आप एक धनवान एवं संपन्न व्यक्ति हैं।

(19) लक्षाधिपति योग

धनेश लाभेश का परिर्वतन योग

निष्पत्ति — **धनेशे लाभ संयुक्ते लाभेशे धनलाभगे।**
तो उभौ केन्द्रगौ वापि धनवान ख्यातिमान् भवेत्॥ 1 ॥

—जातकपारिजात

लाभपे धने, धनपे लाभे धनलाभः॥ 2 ॥ *—जातकतत्वम् 2/61*

धनेशे लाभराशिस्थे, लाभेशे धनराशिगे
विवाहत्परतश्चैत, बहुभाग्यं समादिशेत ॥ 3 ॥

—बृहत्पाराशर होराशास्त्र 22/9

परिणाम — धनेश लाभ स्थान में, लाभेश धनस्थान में परस्पर परिवर्तन

करके बैठे हों अथवा धनेश एकादश में हो तथा लाभेश केंद्र (1,4,7,10) में हो, तो जातक लक्ष्मीवान एवं कीर्तिमान होता है। आपकी कुंडली में यह योग बना है सो आप एक धनशाली एवं कीर्तिशाली पुरुष होंगे। जातकतत्व भी इसी बात का समर्थन करता है परंतु पाराशर ऋषि के अनुसार ऐसा जातक विवाह के पश्चात् बहुत ही सौभाग्यशाली जीवन जीता है।

उदाहरण — जोधपुर नरेश श्री गजसिंह जी साहब, जन्म 13-1-48, इष्ट 24-57, जन्म-स्थान जोधपुर।

(20) लक्षाधिपति योग

निष्पत्ति— **शनि धनस्थानगतः करोति, धनानिवृद्धि च बुधेन दृष्टः ।**

परिणाम — धन स्थान में शनि कोई भी राशि में हो तथा बुध से युत या दृष्ट हो तो जातक लक्षाधिपति होता है। आपकी कुंडली में यह योग बना है अतः आप एक धनवान एवं संपन्न व्यक्ति होंगे।

(21) लक्षाधिपति योग

निष्पत्ति— **गीर्वाणवंद्यो द्रविणोयातः सौम्येक्षितश्चेद द्रविणं करोति।**

परिणाम — कोई भी लग्न हो, धन स्थान में बृहस्पति यदि शुभग्रह से दृष्ट हो तो जातक लखपति होता है। आपकी कुंडली में यह योग बना है अतः आप एक धनवान व संपन्न व्यक्ति हैं।

(22) लक्षाधिपति योग

निष्पत्ति— **वित्तस्थितो दैत्यगुरुः करोति, वित्तागमं सोमसुतेनदृष्टैः ।**
स एव सौम्यग्रह युक्त दृष्टः, प्रकृष्ट वित्ताप्ति करो नराणाम् ॥

परिणाम — कोई भी लग्न हो, धनस्थान में शुक्र हो और शुभग्रह (बुध, गुरु, चंद्र) से युत या दृष्ट हो तो जातक लक्षाधिपति होता है। आपकी कुंडली में यह योग बना है अतः आप धनवान एवं संपन्न व्यक्ति होंगे।

(23) लक्षाधिपति योग

निष्पत्ति — **ज्ञाच्छार्थे धनलाभः ।** —*जातकतत्वम् 2/67*

परिणाम — बुध और शुक्र धन स्थान में वृष, मिथुन, कन्या या तुला राशि में हो तो जातक लक्षाधिपति होता है । यह योग केवल मेष, वृष सिंह एवं कन्या लग्न में ही घटित होता है । आपकी कुंडली में यह योग स्पष्ट रूप से बना है अत: आप एक धनवान एव संपन्न व्यक्ति होंगे ।

(24) लक्षाधिपति योग

निष्पत्ति — **भृगुक्षेत्रे गते लग्ने, तस्मिन् भृगुयुते यदि ।**
शनि सौम्य दृष्टे जातो यस्तु धनीश्वरः ॥

—*बृहत्पाराशर होराशास्त्र 41/14*

परिणाम — वृष या तुला लग्न हो, लग्न में शुक्र हो तथा शनि बुध से युक्त किंवा दृष्ट हो, तो जातक लक्षाधिपति होता है । आपकी कुंडली में यह योग बना है । अत: आप उत्तम धन-धान्य से संपन्न, प्रतिष्ठित होंगे ।

(25) लक्षाधिपति योग

निष्पत्ति — **विद्यार्जित धनो नित्यं, स्त्री धनैरथवा धनी ।**
शुभ दृष्टः शुभक्षेत्रे, बुध दृष्टे मृगौ धनी ॥ —*होरारत्न*

परिणाम — वृष लग्न हो बृहस्पति लाभ स्थान में स्वगृही हो तथा वह शुक्र या बुध से देखा जाता हो तो जातक लक्षाधिपति होता है साथ ही अच्छी स्त्री द्वारा सेवित, विद्यावान व सुखी होता है । आपकी कुंडली में यह योग बना है अत: आप एक धनाद्य, सुखी एवं गुणी सज्जन हैं ।

(26) लक्षाधिपति योग

निष्पत्ति — **पंचमे तु बुधक्षेत्रे, तस्मिन् बुधयुते सति।**
चन्द्रे भौमे गुरौ लाभे, बहुद्रव्यस्य नायकः ॥

—बृहत्पाराशर होराशास्त्र 41/3

परिणाम — वृष या कुंभ लग्न हो, पंचम भाव में स्वगृही बुध हो तथा लाभ स्थान में गुरु, चंद्रमा या मंगल इनमें से कोई ग्रह हो तो जातक लक्षाधिपति होता है एवं बहुत-सी संपत्ति का स्वामी होता है। यदि लाभ स्थान में इनमें से दो ग्रह हों "महालक्ष्मीयोग" और यदि तीनों ग्रह हों तो "अतिलक्ष्मी योग " बन जाता है। ऐसे जातक के पास अटूट लक्ष्मी रहती है तथा ऐसा व्यक्ति अपने भुजबल से शत्रुओं को परास्त करता हुआ अखंड राज्यलक्ष्मी को भोगता है।

(27) लक्षाधिपति योग

निष्पत्ति — **पंचमे तु भृगु क्षेत्रे, तस्मिन् शुक्रेण संयुते।**
लाभे भौमेन संयुक्ते, बहुद्रव्यस्य नायकः ॥

—बृहत्पाराशर होराशास्त्र 41/2

परिणाम — मिथुन या मकर लग्न हो, पंचम भाव में स्वगृही शुक्र हो तथा लाभस्थान में मंगल हो तो जातक लक्षाधिपति होता है एवं बहुत सी संपत्ति का स्वामी होता है। आपकी कुंडली में यह योग बना है अतः आप प्रचुर संपत्ति के स्वामी एवं प्रतिष्ठित व्यक्ति होंगे।

(28) लक्षाधिपति योग

निष्पत्ति — **पंचमे तु भृगुक्षेत्रे, तस्मिन्, शुक्रेण संयुते।**
लाभे शनिश्चरयुते, बहुद्रव्यस्य नायकः ॥ *—मानसागरी*

परिणाम — मिथुन या मकर लग्न हो, पंचमभाव में स्वगृही शुक्र हो, लाभ स्थान में शनि हो तो जातक लक्षाधिपति होता है एवं बहुत-सी

संपत्ति का स्वामी होता है। आपकी कुंडली में यह योग बना है अतः आप प्रचुर संपत्ति के स्वामी एवं प्रतिष्ठित व्यक्ति होंगे।

(29) लक्षाधिपति योग

निष्पत्ति — **कन्या मिथुनयोः लग्ने, सबुधे यस्य जन्मनि।**
संयुते शुक्रमन्दाभ्यां वृषं वा धनिको भवेत्॥ —*मानसागरी*

परिणाम — मिथुन या कन्या लग्न हो, लग्न में बुध के साथ शुक्र एवं शनि भी हो या शुक्र, शनि लग्न को देखते हो तो जातक लक्षाधिपति होता है। आपकी कुंडली में यह योग बना है अतः आप उत्तम धन-धान्य से युक्त प्रतिष्ठित व्यक्ति होंगे।

(30) लक्षाधिपति योग

निष्पत्ति— **पंचमे तु मृगेकुम्भे, समन्दे यस्यजन्मनि।**
बुधे लाभालये तस्य सर्वतो द्रविणोन्नतिः॥ —*मानसागरी*

परिणाम— कन्या या तुला लग्न हो जन्म लग्न में पंचम स्थान में मकर या कुंभ का शनि स्वगृही हो और लाभ स्थान में बुध हो तो जातक लक्षाधिपति होता है। यह योग केवल कन्या एवं तुला लग्न में ही घटित होता है। आपकी कुंडली में यह योग बना है। अतः आप उत्तम धन-धान्य संपन्न प्रतिष्ठित व्यक्ति होंगे।

(31) लक्षाधिपति योग

निष्पत्ति— **पंचमे तु शनि क्षेत्रे, तस्मिन् सूर्य सुतो यदि।**
लाभे सांमात्मजस्ये वा, बहुद्रव्यस्य नायकः॥

—*बृहत्पाराशर होराशास्त्र 41/5*

परिणाम — कन्या या तुला लग्न हो, पंचम भाव में स्वगृही शनि हो तथा लाभ स्थान में बुध हो तो जातक लक्षाधिपति होता है। आपकी कुंडली में यह योग बना है। अतः आप उत्तम धन-धान्य से संपन्न प्रतिष्ठित व्यक्ति होंगे।

(32) लक्षाधिपति योग

निष्पत्ति — **पंचमे तु शनिक्षेत्रे, तस्मिन् शनियुते यदि।**
लाभे भौमेने संयुक्ते बहुद्रव्यस्य नायक: ॥ *—मानसागरी*

परिणाम — कन्या या तुला लग्न हो, पंचम भाव में शनि हो तथा लाभ स्थान में मंगल हो तो जातक लक्षाधिपति होता है। यदि आपकी कुंडली में यह योग बना है। अत: आप उत्तम धन-धान्य संपन्न प्रतिष्ठित व्यक्ति होंगे।

(33) लक्षाधिपति योग

निष्पत्ति— **धनस्थानगते जीवे, धनी भवति बालक:।**
बुधस्तयैव भोगी स्यात्, शुक्रे भूमिपति भवेत। *—होरारत्न*

परिणाम — वृश्चिक लग्न हो, धनस्थान में बृहस्पति हो तो जातक लक्षाधिपति होता है। यदि बृहस्पति के साथ बुध हो तो जातक धन को प्रेमपूर्वक भोगने वाला भोगी होता है। यदि गुरु के साथ शुक्र भी हो, या गुरु, शुक्र से दृष्ट हो तो व्यक्ति राजा के समान ऐश्वर्यशाली होता है। यदि आपकी कुंडली में यह योग स्पष्ट रूप से बना है अत: आप उत्तम संपत्ति युक्त एक धनी व मानी व्यक्ति होंगे।

(34) लक्षाधिपति योग

निष्पत्ति— **स्वक्षेत्रे स्थो यदा जीवो, बुध सौरिस्तथैव च।**
वदा जातश्च दीर्घायु:, सम्पतिश्च पदे पदे॥

—मानसागरी, अ० 4/6 (धनभाव)

परिणाम — धनु या मीन लग्न हो, लग्न में बृहस्पति हो तथा बुध एवं शनि अपनी स्वराशि में या उच्च के हो तो जातक लक्षाधिपति एवं दीर्घजीवी भी होता है। ऐसे जातक को पद-पद में संपत्ति मिलती है और सफलता उसके साथ चलती है। यदि आपकी कुंडली में यह योग बना है सो आप धनशाली व्यक्तियों में अग्रणी माने जाएंगे।

(35) लक्षाधिपति योग

निष्पत्ति — **गुरु क्षेत्रेगते लग्ने, तस्मिन् गुरुयुते यदि।**
सौम्यभौमयुते दृष्टे:, जातो यस्तु धनीश्वर ।।

—बृहत्पाराशर होराशास्त्र 41/13

परिणाम — धनु या मीन लग्न हो, बृहस्पति लग्न में बुध, मंगल से युत अथवा दृष्ट हो तो जातक लक्षाधिपति होता है। आपकी कुंडली में यदि यह योग पड़ा है तो आप लक्षाधिपति हैं।

(36) लक्षाधिपति योग

निष्पत्ति— **विद्यार्जिते धनो नित्यं, स्त्री धनैरथवा धनी।**
शुभदृष्टः शुभक्षेत्रे, बुध दृष्टे भृगौ धनी।। *—होरारत्न*

परिणाम — कुंभ लग्न हो बृहस्पति लाभ स्थान में स्वगृही हो तथा वह शुक्र या बुध से देखा जाता हो तो जातक लक्षाधिपति होता है साथ ही सुभार्या से सेवित विद्यावान व सुखी होती है।

(37) लक्षाधिपति योग

निष्पत्ति— **कर्कटेतु कलानाथे, पंचमे लाभगे शनौ।**
नानाधनसमृद्धिः स्यात् धर्मवृद्धिश्च भूपतां।। *—मानसागरी*

परिणाम— मीन लग्न हो, पंचम में चंद्रमा स्वगृही हो तथा शनि लाभ भाव में हो तो जातक लक्षाधिपति होता है एवं अनेक प्रकार से धन एवं धर्म की वृद्धि करने वाला बड़ी भूमि का स्वामी होता है।
यदि आपकी कुंडली में यह योग बना है सो आप धनशाली व्यक्तियों में अग्रगण्य होंगे।

(38) लक्षाधिपति योग

निष्पत्ति — लाभेश केंद्र 1/4/7/10 या त्रिकोण 9/5 में हो, पापग्रह ग्यारहवें स्थान में हो तो जातक लक्षाधिपति होता है ।

परिणाम— यदि आपकी कुंडली में यह योग बना है । तो निश्चय ही आप एक धनवान एवं संपन्न व्यक्ति होंगे ।

(39) लक्षाधिपति योग

निष्पत्ति— **तदवत् लाभ धनाधिपौ तनुगतावन्योन्यमिष्ट ग्रहौ ।**

परिणाम— लाभेश एवं धनेश लग्न में हो, दोनों परस्पर मित्र हों तो जातक लक्षाधिपति होता है । यदि आपकी कुंडली में यह योग बना है अत: आप धनवान एवं संपन्न व्यक्ति होंगे ।

(40) लक्षाधिपति योग

निष्पत्ति— **लाभेशे विक्रमे भावे, शुभग्रह समन्विते ।**
षट्त्रिंशे वत्सरे प्राप्ते, सहस्त्रहयनिष्कमाक् ॥

—बृहत्पाराशर होराशास्त्र 22/4

परिणाम — लाभेश शुभग्रह सहित तृतीय भाव में हो तो जातक 36 वें वर्ष की आयु में दो हजार सुवर्ण मुद्राएं वर्तमान के दो लाख रुपए कमा लेता है । यह एक प्रकार से लक्षाधिपति योग है जिसकी कुंडली में यह योग बनता है वह समाज का प्रतिष्ठित व्यक्ति होता है एवं प्रचुर संपत्ति का स्वामी होता है ।

(41) महाधनी योग

निष्पत्ति — **केन्द्र चतुष्टये शुभान्विते महाधनी ।** *—जातकतत्वम् 21/6*

परिणाम — जन्मकुंडली के चारों केंद्रों (1,4,7,10) में शुभ ग्रह हों तो जातक महाधनी होता है । यदि आपकी कुंडली में यह योग बना है अत: आप सफल एवं धनशाली व्यक्तियों में अग्रणी माने जायेंगे ।

(42) महाधनी योग

निष्पत्ति — **कन्याया समाः राव्हच्छा महाधनी।** —*जातकतत्वम् 2/28*

परिणाम — कोई भी लग्न हो पर कन्या राशि में शनि, मंगल, राहु एवं शुक्र ये चार ग्रह हों तो जातक महाधनी होता है। यदि आपकी कुंडली में यह योग बना है अतः आप सफल एवं धनशाली व्यक्तियों में अग्रणी माने जाएंगे।

(43) महाधनी योग

निष्पत्ति — **धनायधर्मेशाः बलिनः केन्द्रगास्त्रिलक्षाधिपः।**

परिणाम — धनेश, भाग्येश और लाभेश यदि बलवान होकर केंद्र स्थानों में हो तो ऐसा जातक तीन लाख रुपयों का स्वामी होता है। यह योग एक प्रकार से महाधनी योग है। इस योग में जन्म लेने वाला व्यक्ति धनशाली व्यक्तियों में अग्रगण्य एवं सफल जातक होता है।

(44) महाधनी योग

निष्पत्ति — **लाभे जीवे स्वर्क्षेके पंचमे महाधनी।** —*जातकतत्वम् 2/20*

परिणाम — मेष लग्न में सूर्य पांचवें स्वगृही एवं ग्यारहवें स्थान में गुरु स्वग्रहाभिलाषी हो तो जातक महाधनी होता है। यदि आपकी कुंडली में यह योग बना है अतः आप सफल एवं धनशाली व्यक्तियों में अग्रणी माने जाएंगे।

(45) महाधनी योग

निष्पत्ति — **भौमंगे स्वर्क्षे मन्दाच्छज्ञयुते महाधनी।** —*जातकतत्वम् 2/24*

परिणाम — मेष या वृश्चिक लग्न हो लग्न में मंगल, शनि, शुक्र और बुध इन चार ग्रहों की युति हो तो जातक महाधनी होता है। यदि

यदि आपकी कुंडली में यह योग बना है अत: आप सफल एवं धनशाली व्यक्तियों में अग्रणी माने जाएंगे।

(46) महाधनी योग

निष्पत्ति– **भौमक्षेत्रे गते लग्ने, वतस्मिन् भौमेन संयुते।**
सौम्य शुक्रार्कणेर्युक्ते, दृष्टे श्रीमान्नरो भवेत्॥

—*बृहत्पाराशर होराशास्त्र 41/11*

परिणाम – मेष या वृश्चिक लग्न हो, लग्न में मंगल हो तथा लग्नेश बुध, शुक्र, शनि से युत या दृष्ट हो तो जातक महाधनी होता है। इस योग में जन्म लेने वाला व्यक्ति धनशाली व्यक्तियों में अग्रगण्य, मनुष्यों का नेता एवं प्रबल पराक्रमी जातक होता है।

(47) महाधनी योग

निष्पत्ति – **स्वर्क्षे शुक्रेग चन्द्रार्दयुत दृष्टे महाधनी।** —*जातकतत्वम् 2/27*

परिणाम – वृष या तुला लग्न हो, लग्न में शुक्र, चंद्रमा एवं सूर्य से युत या दृष्ट हो, तो जातक महाधनी होता है। यदि आपकी कुंडली में यह योग बना है अत: आप सफल एवं धनशाली व्यक्तियों में अग्रणी माने जाएंगे।

(48) महाधनी योग

निष्पत्तिप– **स्वर्क्षेज्ञेंगे मंदाच्छयुत दृष्टे महाधनी।** —*जातकतत्वम् 2/26*

परिणाम – मिथुन या कन्या लग्न हो, लग्न में बुध, शनि एवं शुक्र से युत या दृष्ट हो, तो जातक महाधनी होता है। यदि आपकी कुंडली में यह योग बना है अत: आप सफल एवं धनशाली व्यक्तियों में अग्रणी माने जाएंगे।

(49) महाधनी योग

निष्पत्ति— **बुधक्षेत्रे गते लग्ने, तस्मिन् बुधयुते सति।**
शनि जीव युते दृष्टे, जातो धनयुतो भवेत्॥

—बृहत्पाराशर होराशास्त्र 41/12

परिणाम — मिथुन या कन्या लग्न हो, बुध लग्न में हो तथा लग्नेश गुरु या शनि से युत किंवा दृष्ट हो तो जातक महाधनी होता है। ऐसा व्यक्ति धनशाली लोगों में अग्रगण्य, प्रबल पराक्रमी, चतुर एवं बुद्धिमान जातक होता है।

(50) महाधनी योग

निष्पत्ति— **कर्कगे चन्द्रे गुर्वारयुते महाधनी।** *—जातकतत्वम् 2/23*

परिणाम -- कर्क लग्न हो, लग्न में चंद्रमा, गुरु एवं मंगल साथ हो अथवा गुरु, मंगल से दृष्ट हो तो जातक महाधनी होता है। यदि आपकी कुंडली में यह योग बना है अत: आप सफल एवं धनशाली व्यक्तियों में अग्रणी माने जाएंगे।

(51) महाधनी योग

निष्पत्ति— **चन्द्र क्षेत्रगते लग्ने, तस्मिन् चन्द्रयुते सति।**
बुधेन गुरुणा युक्ते, दृष्टे जातो धनी भवेत्॥

—बृहत्पाराशर होराशास्त्र 40/10

परिणाम— कर्क लग्न हो, लग्न में चंद्रमा हो, लग्नेश बुध या गुरु से युत हो अथवा दृष्ट हो तो जातक महाधनी होता है। इस योग में जन्म लेने वाला व्यक्ति धनशाली व्यक्तियों में अग्रगण्य एवं प्रबल पराक्रमी जातक होता है।

(52) महाधनी योग

निष्पत्ति — **सिंहेकेगे गुर्वारयुते महाधनी।** —*जातकतत्वम् 2/22*

परिणाम — सिंह लग्न हो, लग्न में सूर्य, गुरु एवं मंगल हो अथवा सूर्य गुरु मंगल में दृष्ट हो तो जातक महाधनी होता है। यदि आपकी कुंडली में यह योग बना है अत: आप सफल एवं धनशाली व्यक्तियों में अग्रणी माने जाएंगे।

(53) महाधनी योग

निष्पत्ति — **स्वर्क्षे सुते लाभे मन्दे महाधनी।** —*जातकतत्वम् 2/19*

परिणाम — तुला लग्न हो तथा मकर या कुंभ का शनि यदि पांचवें अथवा ग्यारहवें स्थान हो तो जातक महाधनी होता है। यदि आपकी कुंडली में यह योग बना है। अत: आप सफल एवं महाधनशाली व्यक्तियों में अग्रणी माने जाएंगे।

(54) महाधनी योग

निष्पत्ति — **कर्कज्ञे मन्दे लाभ महाधनी।** —*जातकतत्वम् 2/28*

परिणाम — मीन लग्न हो तथा कर्क राशि का बुध पांचवें और मकर का शनिश्चर ग्यारहवें स्थान हो तो जातक महाधनी होता है। यदि आपकी कुंडली में यह योग बना है अत: आप सफल एवं धनशाली व्यक्तियों में अग्रणी माने जाएंगे।

(55) महाधनी योग

निष्पत्ति — **स्वर्क्षे गुरौ पुत्रे चन्द्रे महाधनी।** —*जातकतत्वम् 2/21*

परिणाम— मीन लग्न हो तथा कुंडली में पांचवें स्थान में स्वगृही चंद्रमा हो तो स्वराशि का गुरु कहीं भी बैठा हो तो ऐसा जातक महाधनी होता है। यदि आपकी कुंडली में यह योग बना है। अत: आप सफल एवं धनशाली व्यक्तियों में अग्रणी माने जाएंगे।

(56) विष्णु लक्ष्मीयोग

निष्पत्ति–विष्णुस्थानं च केन्द्रं स्यात् लक्ष्मीस्थानं त्रिकोणकम्।
तदीशयोश्च सम्बन्धः, लक्ष्मीयोगः पुरोहितः ॥

—बृहत्पाराशर होराशास्त्र 41/28

परिणाम – यदि लग्नेश बलवान हो तथा नवमेश स्वगृही या उच्च का हो अथवा नवमेश का केंद्र-त्रिकोण संबंध हो तो "लक्ष्मीयोग" की सृष्टि होती है ।

विशेष – ज्योतिष शास्त्र में चारों केन्द्र स्थानों को विष्णु भगवान का स्वरूप मानते हैं क्योंकि विष्णु चतुर्भुज हैं । कुण्डली के 1,5,9 भाव को किसी रेखा द्वारा मिलाने का प्रयत्न करें तो त्रिकोण की आकृति बनती है । यह त्रिकोण ही लक्ष्मी का स्वरूप है । केंद्र व त्रिकोण ग्रहों के परस्पर संबंध से "विष्णु लक्ष्मीयोग" बनता है परंतु ऐसे में लग्नेश का बलवान होना आवश्यक है ।

विष्णु लक्ष्मीयोग में जन्म लेने वाला जातक धनवान, बुद्धिमान, नम्र, उच्चपद व प्रतिष्ठा को प्राप्त करने वाला सुंदर पुरुष होता है । ऐसे जातक को जीवन की सभी सुख-सुविधाएं व ऐश्वर्य अल्प पुरुषार्थ से ही प्राप्त हो जाते हैं । वह अपने बाहुबल से पृथ्वी को जीतता है एवं युद्ध में ख्याति प्राप्त करता है ।

(57) महालक्ष्मी योग

निष्पत्ति– पंचमे तु रवौ सिंहे, लाभे देव गुरौ सदा।
वाहन स्वर्ण रत्नत नामधिपो जायते क्षणात् ॥ *—मानसागरी*

परिणाम – मेष लग्न हो, सूर्य सिंह राशि का पंचम भाव में हो एवं बृहस्पति लाभ भाव में हो तो जातक महालक्ष्मीवान होता है तथा सर्वदा वाहन, हाथी, घोड़े, उत्तम सवारी से युक्त, नाना प्रकार के सुवर्ण रत्नों का स्वामी होता है । यह योग केवल मेष लग्न में ही बनता है । यदि आपकी कुण्डली में यह योग बना है अतः आप अति धनवान, विलासी एवं समाज के प्रतिष्ठित व्यक्ति होंगे ।

(58) महालक्ष्मी योग

निष्पत्ति — **पंचमे च रवि क्षेत्रे, तस्मिन् रवियुते सति।**
लाभ शनीन्दु संयुक्ते, बहुद्रव्यस्य नायक: ।।

—बृहत्पाराशर होराशास्त्र 41/4

परिणाम — मेष लग्न हो एवं सिंह का सूर्य पंचम भाव में हो। लाभ स्थान में शनि, चंद्र, गुरु में से कोई ग्रह हो तो जातक निश्चय ही लक्ष्मीवान होता है। ऐसा जातक अतुल संपत्ति का स्वामी एवं पराक्रमी होता है।

विशेष — यदि लाभ स्थान में इनमें से दो ग्रह हों तो "महालक्ष्मीयोग" और तीनों ग्रह हों तो "अतिलक्ष्मीयोग" बनता है। ऐसे जातक के पास अटूट लक्ष्मी रहती है तथा ऐसा व्यक्ति अपने भुजबल से शत्रुओं को परास्त करता हुआ अखंड राज्यलक्ष्मी को भोगता है।

(59) महालक्ष्मी योग

निष्पत्ति — **भौमक्षेत्रे गते लग्ने, तस्मिन् भौमयुते यदि।**
सौमशुक्राके जै युक्ते, दृष्टे श्रीमान्नरो भवेत्।

—बृहत्पाराशर होराशास्त्र

परिणाम — मेष या वृश्चिक लग्न हो, लग्न में मंगल, सूर्य शुक्र और चंद्रमा से युत या दृष्ट हो तो जातक महालक्ष्मीशाली होता है। यदि आपकी कुंडली में यह योग बना है अत: आप अति धनवान, विलासी एवं समाज के प्रतिष्ठित व्यक्ति होंगे।

(60) महालक्ष्मी योग

निष्पत्ति — **शुक्रराशिगते लग्ने, ससिते यदि जन्मनि।**
चंद्रजादित्य ताभ्या तु युते दृष्टे धनाधिप ।। *—मानसागरी*

परिणाम — वृष या तुला लग्न, लग्न में शुक्र स्वगृही होकर, बुध एवं शनि के साथ बैठा हो या उनसे दृष्ट हो तो जातक महालक्ष्मीशाली होता है। यदि आपकी कुंडली में यह योग बना है अत: आप अतिधनवान्, विलासी एवं समाज के प्रतिष्ठित व्यक्ति होंगे।

(61) महालक्ष्मी योग

निष्पत्ति — **पंचमे सौम्य लक्षणे, तस्मिनसौम्ययुते यदि।**
लाभे च चन्द्रभौमेतु, बहुद्रव्यस्य नायक: ॥ —*मानसागरी*

परिणाम — कुंभ या वृष लग्न हो, पंचम में स्वगृही बुध हो तथा लाभ स्थान में चंद्र, मंगल हो तो जातक महालक्ष्मीशाली होता है। यदि आपकी कुंडली में यह योग बना है अत: आप अतिधनवान, विलासी एवं समाज के प्रतिष्ठित व्यक्ति होंगे।

(62) महालक्ष्मी योग

निष्पत्ति— **पंचमे निजये शुक्र, लाभे रवि सुते यदा।**
भोगता मणि सुवर्णा, नामधिपो जायते नृणाम्॥ —*भा० कु०*

परिणाम — मिथुन या मकर लग्न हो शुक्र स्वराशि का पंचम स्थान में हो तथा लाभ भाव में शनि हो तो जातक सदैव मणि-रत्न के समूहों को भोगने वाला एवं लक्ष्मीवान होता है। योग केवल मकर एवं मिथुन लग्न में ही बनता है। यदि आपकी कुंडली में यह योग बना है अत: आप अतिधनवान, विलासी एवं समाज के प्रतिष्ठित व्यक्ति होंगे।

(63) महालक्ष्मी योग

निष्पत्ति — **पंचमे तु कुजक्षेत्रे, तस्मिन् कुजयुते सति।**
लाभस्थे भृगुपुत्रे तु, बहुद्रव्यस्य नायक: ॥

—*बृहत्पाराशर होराशास्त्र 41/7*

परिणाम — कर्क या धनु लग्न हो, पंचम भाव में स्वगृही शुक्र हो तो महालक्ष्मीयोग बनता है। ऐसा जातक राजा के समान ऐश्वर्य भोगने वाला अतिधनवान होता है। ऐसे जातक के पास अटूट लक्ष्मी रहती है तथा ऐसा व्यक्ति अपने भुजबल के द्वारा शत्रुओं को परास्त करता हुआ अखंड राज्यलक्ष्मी को भोगता है।

(64) महालक्ष्मी योग

निष्पत्ति— **पंचमेतु गुरुक्षेत्रे, सगुरौ यदि जन्मनि।**
लाभगाबिन्दु भूपुत्रौ, पृथ्वीपति समो नरः ॥ *—मानसागरी*

परिणाम — सिंह या वृश्चिक लग्न हो, पंचम में बृहस्पति अपनी स्वराशि धनु या मीन का हो तथा लाभ स्थान में चंद्र, मंगल हो तो महालक्ष्मी योग बनता है। ऐसा व्यक्ति राजा के समान ऐश्वर्य को भोगने वाला अतिधनवान होता है। यह योग केवल सिंह लग्न एवं वृश्चिक लग्न में ही बनता है। यदि आपकी कुंडली में यह योग बना है। अतः आप अतिधनवान, विलासी एवं समाज के प्रतिष्ठित व्यक्ति होंगे।

(65) महालक्ष्मी योग

निष्पत्ति— **पंचमे तु गुरुक्षेत्रे, तस्मिन् गुरुयुते सति।**
लाभे चन्द्रसुते जातो, बहुद्रव्यस्य नायकः ॥

—बृहत्पाराशर होराशास्त्र 41/6

परिणाम — सिंह या वृश्चिक लग्न हो, पंचम भाव में स्वगृही गुरु हो तथा लाभस्थान में स्वगृही बुध हो तो महालक्ष्मी योग बनता है। ऐसा व्यक्ति राजा के समान ऐश्वर्य भोगने वाला अतिधनवान होता है। ऐसे जातक के पास अटूट लक्ष्मी रहती है तथा ऐसा व्यक्ति अपने बाहुबल से शत्रुओं को परास्त करता हुआ अखंड राज्यलक्ष्मी को भोगता है।

(66) महालक्ष्मी योग

निष्पत्ति — **पंचमे तु शनि क्षेत्रे, तस्मिन् शनि युते सति।**
लाभे रवीन्दु संयुक्ते, बहुद्रव्यस्य नायकः ॥

—बृहत्पाराशर होराशास्त्र 41/5

परिणाम — कन्या या तुला लग्न हो, पंचम भाव में शनि स्वगृही हो, लाभ

भाव में सूर्य या चंद्र हो तो जातक महालक्ष्मीवान होता है। ऐसा जातक प्रबल पराक्रमी होता है। यदि लाभस्थान में सूर्य; चंद्र दोनों हों तो, "अतिलक्ष्मीयोग" बनता है। ऐसे जातक के पास अटूट लक्ष्मी रहती है तथा ऐसा व्यक्ति अपने भुजबल से शत्रुओं को परास्त करता हुआ अखंड राज्यलक्ष्मी को भोगता है।

(67) महालक्ष्मी योग

निष्पत्ति — **जीवेंगे स्वर्क्षे चन्द्रारयुते महाधनी।** —*जातकतत्त्वम् 2/25*

परिणाम — धनु या मीन लग्न हो लग्न में बृहस्पति, चंद्र एवं मंगल से युक्त हो तो महालक्ष्मी योग बनता है। ऐसा जातक मनुष्यों में लक्ष्मीवान, ऐश्वर्यशाली एवं प्रतापी होता है। यदि आपकी कुंडली में यह योग बना है अत: आप अतिधनवान, विलासी एवं संपन्न व समाज के प्रतिष्ठित व्यक्ति होंगे।

(68) महालक्ष्मी योग

निष्पत्ति — **गुरुक्षेत्र गते लग्ने, तस्मिन् गुरुयुते सति।**
बुधभौम युते दृष्टे, जातोधनयुतो भवेत् ॥

—*बृहत्पाराशर होराशास्त्र 41/13*

परिणाम — धनु या मीन लग्न हो, लग्न में बृहस्पति हो, तथा लग्नेश बुध, मंगल से युत किंवा दृष्ट हो तो महालक्ष्मी योग बनता है। इस योग में जन्म लेने वाला व्यक्ति महाधनी एवं प्रतापी होता है। धर्मबल से युक्त ऐसे जातक अपनी बुद्धिबल से शत्रुओं का नाश करते हुए धन-ऐश्वर्य का भोग करते हैं।

(69) महालक्ष्मी योग

निष्पत्ति— **शनि क्षेत्रे गतेलग्ने, तस्मिन् शनियुते सति।**
भौमेन गुरुणा युक्ते दृष्टे, जाते धनैर्युतः ।।

—बृहत्पाराशर होराशास्त्र 41/15

परिणाम — मकर या कुंभ लग्न हो, लग्न में शनि हो, तथा लग्नेश मंगल, गुरु से युत किंवा दृष्ट हो तो महालक्ष्मी योग बनता है । योग में जन्मा जातक अपने पराक्रम पुरुषार्थ से समूल शत्रुओं का नाश करने में समर्थ होता है । अपने भुजबल से प्रचुर मात्रा में धन अर्जित करता हुआ महाप्रतापी एवं ऐश्वर्यशाली होता है ।

(70) महालक्ष्मी योग

निष्पत्ति— **पंचमे तु शशि क्षेत्रे, तस्मिन् शशि युते सति।**
शनौ लाभस्थिते जातो, बहुद्रव्यस्य नायकः ।।

—बृहत्पाराशर होराशास्त्र 41/8

परिणाम — मीन लग्न हो, पंचम भाव में स्वगृही चंद्रमा हो तथा लाभ स्थान में शनि स्वगृही हो तो महालक्ष्मी योग बनता है । ऐसा जातक राजा के समान ऐश्वर्य भोगने वाला अतीधनवान होता है । ऐसे जातक के पास अटूट लक्ष्मी रहती है तथा ऐसा व्यक्ति अपने भुजबल से शत्रुओं को परास्त करता हुआ अखंड राज्यलक्ष्मी को भोगता है ।

(71) महालक्ष्मी योग

निष्पत्ति — लग्नेश त्रिकोण 1,5,9 में हो, धनेश एकादश भाव में हो, तथा धनस्थान पर धनेश की दृष्टि हो या धनस्थान शुभ ग्रहों द्वारा देखा जाता हो तो महालक्ष्मी योग बनता है ।

परिणाम — इस योग में जन्म लेने वाला व्यक्ति अटूट संपत्ति का स्वामी होता है । उसके जीवन में धन की कमी नहीं रहती । इस प्रकार महालक्ष्मी योग में जन्म लेने वाला जातक पूर्ण धनी एवं देश-विदेश में कीर्ति करने वाला व्यक्ति होता है ।

(72) महालक्ष्मी योग

निष्पत्ति— **वित्तायोदय राशयः पतियुताः वित्ताधिको जायते ।**
लाभस्थौ धनलाभयौ निजसुहृत्तुंगादि गौचेत्तथा ।।

परिणाम — धनेश, लग्नेश एवं लाभेश अपनी-अपनी राशियों में स्वगृही हो या मित्रगृही हो तो जातक बहुत लक्ष्मीवान होता है । यदि आपकी कुंडली में यह योग स्पष्ट बना है । अतः आप अतिधनवान, ऐश्वर्यवान एवं समाज के प्रतिष्ठित व्यक्ति होंगे ।

(73) महालक्ष्मी योग

लग्नेश लाभेश परिवर्तन

निष्पत्ति— **लाभेशे लग्न भावस्थे, लग्नेशे लाभ संयुते ।**
त्रयस्तिंशे तु सम्प्राप्ते, सहस्रनिष्कभाग भवेत् ।।

—बृहत्पाराशर होराशास्त्र 22/8

परिणाम — लाभेश लग्न में और लग्नेश लाभस्थान में परस्पर परिवर्तन करके बैठे हों तो जातक आयु के 33वें वर्ष में एक हजार सुवर्ण मुद्रा अर्थात् लाखों रुपये कमा लेता है । यह एक प्रकार से महालक्ष्मीयोग है । ऐसा जातक अपने भुजबल से शत्रुओं का नाश करते हुए स्वअर्जित धनलक्ष्मी को भोगता है ।

(74) महालक्ष्मी योग

निष्पत्ति — **लाभस्थाने गुरुयुते, धने चन्द्रसमन्विते ।**
भाग्यस्थानगते शुक्रे, षट् सहस्राधिपो भवेत् ।।

—बृहत्पाराशर होराशास्त्र 22/6

परिणाम — लाभस्थान में गुरु, धनस्थान में चंद्रमा, और भाग्य स्थान में शुक्र हो, जातक 6 हजार स्वर्ण मुद्राएं अर्थात्, वर्तमान के छः लाख रुपये या उसके अधिक कमा लेता है । यह एक प्रकार से महालक्ष्मी योग है । ऐसा जातक पराक्रमी होता है तथा अपने पुरुषार्थ के माध्यम से अतुल धन व पराक्रम अर्जित करता है ।

(75) कोट्याधिपति योग

निष्पत्ति— **लग्नेश धन भाग्येशाः परमोच्चांश संयुताः ।**
वेशेषिकांशगा वाऽपि तदा कोटीश्वरो भवेत् ॥

—ज्यो० शा० स०

परिणाम — लग्न, धन, नवम एवं एकादश स्थानों के स्वामी यदि अपनी-अपनी उच्च राशियों में हों तो जातक करोड़पति होता है। यदि इन-इन स्थानों के स्वामी अपने परमोच्च अंशों या वैशेषिकांश में हों तो ऐसा व्यक्ति कोटीश्वर से भी कुछ अधिक होता है। यदि आपकी कुंडली में यह योग बना है फलतः आपकी गिनती शहर के करोड़पतियों में होगी।

(76) कोट्याधिपति योग

निष्पत्ति— **लग्नांशेश-भाग्येशी परमोच्चांशगौ ।**
लाभेशे वैशेषिकांशगः कोटीशः ॥ *—प्रकीर्ण*

परिणाम— लग्न का नवमांश स्वामी और नवमाश का स्वामी ये दोनों अपने परम उच्चांश में हों तथा लाभेश वैशेषिकांश में हो तो ऐसा जातक करोड़पति होता है। यदि आपकी कुंडली में यह योग बना है फलतः आपकी गिनती शहर के करोड़पतियों में होगी।

(77) कोट्याधिपति योग

निष्पत्ति — **कुजक्षेत्रेगते लग्ने, सभौमे यस्य जन्मनि ।**
ज्ञ शुक्रमन्द संयुक्ते, स धनेश समो नरः ॥ *—मानसागरी*

परिणाम — मेष या वृश्चिक लग्न हो, लग्न में मंगल हो, साथ में बुध, शुक्र एवं शनि हो, तो जातक कोटीश्वर होता है एवं कुबेर में यह योग बना है फलतः आपकी गिनती शहर के करोड़पतियों में होगी।

(78) कोट्याधिपति योग

निष्पत्ति— **गुरुभे गुरु संयुक्ते, जन्मलग्नगते सति।**
चन्द्राभारयुतो यस्य, तस्य लक्ष्मीरचंचला॥ *—मानसागरी*

परिणाम — धनु या मीन लग्न हो, बृहस्पति लग्न में हो साथ में चंद्रमा और मंगल भी हो तो ऐसा व्यक्ति कोटीश्वर होता है तथा लक्ष्मी उसके घर में सदा स्थिर रहती है। यदि आपकी कुंडली में यह योग बना है फलतः आपकी गिनति शहर के करोड़पतियों में होगी।

(79) कोट्याधिपति योग

निष्पत्ति — मकर लग्न हो पंचम भाव में उच्च का चंद्रमा हो तथा लाभस्थान में गुरु हो एवं शनि कुंभ के मूल त्रिकोण अंशों में हो तो यह योग बनता है।

परिणाम — ऐसा जातक करोड़पति होता है। ऐसा जातक अपने भुजबल से लाखों-करोड़ों रुपया कमाता है एवं अपने पराक्रम से शत्रुओं को अस्त करता हुआ यशस्वी होता है।

(80) कुबेर योग

निष्पत्ति— **कन्यायां च यदा राहुः शुक्रो भौम शनिस्तथा।**
तत्र जातस्य जायेत, कुबेरादधिकं धनम्॥

—मानसागरी अ०4 (योगायोग)72

परिणाम — राहु, शुक्र, मंगल एवं शनि यदि कन्या राशि में हों तो इस योग में जन्म लेने वाला जातक अरबपति होता है। उसके पास कुबेर जितनी संपत्ति होती है। यदि आपकी कुंडली में यह योग बना है फलतः आप मल्टीमिलिनएर की श्रेणी के व्यक्ति होकर अतुल संपत्ति के स्वामी होंगे।

विशेष — यह योग कन्या लग्न में ज्यादा मुखरित होता है।

(81) कुबेर योग

निष्पत्ति— **जीवनिशाकरसूर्याः नवमे तृतीयगा सस्य।**
लग्नायदि भवति तदा, कुबेर तुल्यो धनप्रसवैः ॥

—मानसागरी अ० 4 (योगायोग)91

परिणाम — लग्न से पंचम, नवम और तृतीय घर में बृहस्पति, चंद्रमा और सूर्य हो तथा धनेश बलवान हो तो यह योग बनता है । इस योग में जन्म लेने वाला जातक अरब-खरब पति होता है । उसके पास कुबेर जितनी संपत्ति होती है ।

विविध प्रकार के धन योग

(82) अकस्मात् धन प्राप्ति के योग

निष्पत्ति— **लग्नेशे धनराशिस्थे, धनेशे लाभ राशिगे।**
लाभेशे च विलग्नस्थे, निध्यादि धनमाप्नुयात् ॥—*जातक पारिजात*

परिणाम — लग्न का स्वामी धनस्थान में हो, लाभ स्थान में हो और लाभेश लग्न में हो तो जातक को अकस्मात् धन मिलता है । यह धन जातक को लॉटरी, सट्टे, ताश के खेल या अकस्मात् किसी रिश्तेदार के मरने पर वसीयत के रूप में प्राप्त हो सकता है । यदि आपकी कुंडली में यह योग बना है निश्चय ही आप उन सौभाग्यशाली व्यक्तियों में से एक हैं जिन्हें अचानक धन मिलता है और देखते-देखते लखपति एवं उससे ऊपर की स्थिति में पहुंच जाते हैं ।

(83) गढ़े हुए धन की प्राप्ति

निष्पत्ति — **कोशेशे रंध्रनिध्याप्तिः ॥** *—जातकतत्वम्*

परिणाम — धनस्थान का स्वामी यदि आठवें स्थान में हो तथा सूर्य लग्न को देखता हो तो जातक को भूमि में गढ़े हुए धन की प्राप्ति होती

है। यदि आपकी कुंडली में यह योग बना है अत: यदि आपके पास पूर्वजों की जमीन है तो शुभ मुहूर्त में विद्वान ज्योतिषी से परामर्श लेकर कार्य करें, निश्चय धन मिलेगा।

(84) बाल्ये बहुलाभ योग

निष्पत्ति —

सां:कार्थेगौ केन्द्रगौ लग्नेशस्थांशे शस्थेश्वरेण दृष्टौ बाल्ये बहुधनलाभ:

— *जातकतत्वम्*

परिणाम— भाग्येश तथा धनेश केंद्र 1,4,7,10 स्थानों में हो और लग्न का नवांश स्वामी जिस राशि में हो वे उसी का स्वामी धन, भाग्य स्थान या धनेश व भाग्येश को देख ले या उनसे युत हो जाए तो ऐसे जातक को बचपन से ही बहुत धन विरासत में मिला होता है। दूसरे शब्दों में ऐसा जातक मुंह में सोने का चम्मच लेकर ही जन्मता है तथा अपने जन्म से परिवार को भी पुष्ट करता है।

(85) बाल्ये बहुलाभ योग

निष्पत्ति —

लाभार्थायगै: शुभै र्बलाढ्यै धनेश स्यां शेशेन दृष्टैर्बाल्ए बहुधनलाभ:।

—*जातकतत्वम्*

परिणाम — लग्न, धन और ग्यारहवें भाव में शुभग्रह बलवान होवे और उनको धनेश के नवमांश का स्वामी देखता हो, या उन-उन ग्रहों से युति करता हो तो बाल्य-अवस्था में ही जातक बहुत धन प्राप्त करता है। दूसरे शब्दों में ऐसा जातक मुंह में सोने का चम्मच लेकर ही जन्मता है और अपने जन्म से परिवार को पुष्ट एवं संपन्न करता है।

(86) बाल्ये बहुलाभ योग

निष्पत्ति — **धर्माधिपेन सहिते धनराशि नाथे।**
लग्नेश्वरस्थित नवांशपतिश्चरेण ॥
दृष्टे चतुष्ट्यगते शुभदृष्टि योगे।
जातस्तु भूरि धनलाभमुपैति बाल्ये ॥ —*सर्वार्थ चिंतामणि*

परिणाम — धनेश एवं भाग्येश परस्पर युति किए हुए हों तथा लग्नेश के नवमांश स्वामी से दृष्ट हों, केंद्र में हों, शुभग्रहों से देखे जाते हों तो बाल्यावस्था से जातक बहुत धन प्राप्त करता है। दूसरे शब्दों में ऐसा जातक मुंह में सोने के चम्मच को लेकर ही जन्मता है और अपने जन्म से परिवार को पुष्ट एवं संपन्न करता है।

(87) अमरा अनंत धनयोग

निष्पत्ति — धनेश स्वगृही या उच्च का हो, धनस्थान में बहुत सारे ग्रह हों, धनेश शुभग्रह से दृष्ट हो तो यह योग बनता है।

परिणाम — इस योग में जन्म लेने वाला व्यक्ति जीवन पर्यंत अनंत धन व ऐश्वर्य को भोगता है। उसके जीवन में उसे भूसंपदा एवं लक्ष्मी की कमी नहीं रहती।

(88) अयत्न धनयोग

निष्पत्ति— वित्ताधीशे लग्नगे लग्नाथे वित्तस्थानेऽयत्नतो वित्तमेव।

—*जातक पारिजात*

परिणाम — लग्नेश एवं धनेश में आपस में स्थान परिवर्तन कर लिया जाए तो यह योग बनता है। ऐसे जातक को बिना प्रयत्न के अथवा अल्प प्रयत्न के बहुत धन की प्राप्ति होती है।

(89) वसुमति योग

निष्पत्ति — **चन्द्रात् उपचसगैः सद्यो धनीः ।** *—जातकतत्वम् 2/3*

परिणाम — चंद्रमा से उपचय (3,6,10,11) स्थानों में शुभग्रह हो तो मनुष्य जल्दी ही लखपति हो जाता है । कुछ विद्वान लग्न से भी उपचय स्थानों में शुभग्रह हो तो वसुमति योग की सृष्टि मानते हैं । यदि इन स्थानों में शुभग्रह बलशाली हो तो योग और अधिक शक्तिशाली हो जाता है । ऐसा व्यक्ति धीरे-धीरे परिश्रम करके अपार धन का स्वामी हो जाता है ।

(90) दुर्धरा योग

निष्पत्ति— **उभयस्थितै दुर्रुधराः ।** *—मानसागरी अ० 4 (अष्टमभाव)22*

परिणाम — जब चंद्रमा से द्वादश एवं द्वितीय स्थान में सूर्य को छोड़कर कोई ग्रह स्थित हो तो दुर्धरा योग बनता है । ऐसा व्यक्ति सब प्रकार से सुखों को भोगने वाला तथा मनुष्यों में धनवान व्यक्ति होता है ।

विशेष — यह सुनफा योग से दूनी ताकत वाला योग है शास्त्रकारों ने कहा है कि दो सौम्य ग्रहों के बीच में पूर्ण बली चंद्रमा बैठा हो तो नागों को जिस प्रकार गरुड नाश करता है ठीक उसी तरह यह चंद्रमा सर्वारिष्टों का नाश कर देता है। दोनों तरफ के भिन्न-भिन्न ग्रह स्थितियों के कारण कुल 180 प्रकार के दुर्धरायोग बनते हैं । दुर्धरायोग चंद्रमा की स्थिति को मजबूत करने वाला धर्मप्रदाता शुभयोग माना गया है ।

(91) उभयचारी योग

निष्पत्ति—सर्वसहः सुसमदृक्समकायः सुस्थितो निपुणसत्तवः ।
नात्युच्चः परिपूर्णश्रीवादेशो भवेत् उभयचर्याम् ॥

—मानसागरी 4/1

जब सूर्य से द्वादश एवं द्वितीय स्थान में चंद्रमा को छोड़कर कोई ग्रह स्थित हो तो "उभयचारी योग" बनता है ।

परिणाम — ऐसा जातक प्रखर वक्ता होता हुआ दिखने में सुंदरएवं आकर्षक होता है। ऐसा जातक अत्यधिक धनी एवं प्रसिद्ध व्यक्ति होता है। ऐसा व्यक्ति आशावादी होता है तथा जीवन के प्रत्येक कार्य पूर्ण रुचि उत्साहपूर्वक करता है। ऐसा व्यक्ति सभी लोगों का प्रिय होता है।

विशेष — दुर्धरा योग की भांति भिन्न-भिन्न ग्रह स्थितियों के कारण यह योग भी 180 प्रकार का बनता है। उभयचारी योग में जन्म लेने वाला मनुष्य सहनशील (सबका अपराध क्षमा करने वाला) समदृष्ट, स्थिर, पूर्ण बली, बहुत ऊंचा नहीं, पुष्ट ग्रीवा वाला होता है।

(92) मालव्य योग

निष्पत्ति — **मालव्योऽयं विलसति वृपः सप्ततिवेत्सराणाम् ॥**

— मानसागरी अ० 4/1

परिणाम — जब शुक्र अपनी उच्च राशि अथवा अपने क्षेत्र में स्थित होकर केन्द्र स्थानों (1,4,7,10) में बैठा हो तो मालव्य योग बनता है।

विशेष — यह पंच महापुरुषों में से एक प्रसिद्ध योग है। इस योग में जन्म लेने वाला पुरुष सुंदर शरीर तथा सुंदर नेत्रों वाला, तेजस्वी, स्त्री-पुत्र-वाहन से युक्त, अति धनवान, शास्त्रों को जानने वाला (विद्वान), उत्साही एवं राजदरबार में मान पाने वाला धनी पुरुष होता है। ज्योतिषशास्त्र खासकर मानसागरी के मतानुसार ऐसा व्यक्ति 70 जर्ष की आयु तक राजतुल्य ऐश्वर्य को भोगता है।

(93) सुनफा योग

निष्पत्ति — **चन्द्रात द्वितीयगैः सुनफा** *—मानसागरी अ० 4/1*

यदि सूर्य को छोड़कर चंद्रमा से दूसरे स्थान (भाव) में कोई ग्रह जन्मकुंडली में उपस्थित हो तो सुनफा योग की सृष्टि होती है।

परिणाम — ऐसा जातक स्वयं के पराक्रम से अर्जित भूमि संपत्ति व धन का स्वामी होता है। राजातुल्य धन प्राप्ति करता है। समाज एवं

शासक वर्ग में इनका प्रभुत्व होता है। ऐसा जातक समाज में बुद्रिमान, धनवान एवं अच्छी प्रतिष्ठा के कारण अग्रणी व्यक्तियों में गिना जाता है। यह योग मूलत: धन एवं प्रतिष्ठा के बढ़ाने वाला योग माना गया है। चंद्रमा से दूसरे भाव में कौन-कौन से ग्रह बैठे हैं, उसके आधार पर इस योग के फलादेश के तारतम्य ऊपर-नीचे होते रहते हैं।

विशेष — चंद्रमा यदि वृष राशि में हो तथा बुध, गुरु, शुक्र, मिथुन राशि में हो तो ऐसे में "सुनफा योग" अत्यधिक शक्तिशाली हो जाएगा। सौभाग्य से यदि सिंह लग्न में यह स्थिति हो तो ऐसी अवस्था में इस योग का विकास चरमोत्कर्ष बिंदु पर होगा। सुनफा योग मनुष्य के आर्थिक पक्ष एवं सफलता पर ज्यादा प्रभाव डालता है।

(94) रूचक योग

निष्पत्ति — **शस्त्राग्निचिन्हों रुचकाभिधाने, देवालयान्ते निधनं करोति।**

— मानसागरी अ० 4/4

मंगल अपनी राशि में या उच्च का होकर केंद्र में स्थित हो तो यह 'रुचक योग' बनता है।

परिणाम — यह पंचमहापुरुष योगों में से एक है। इस योग में जन्म लेने वाला व्यक्ति शारीरिक दृष्टि से हृष्ट-पुष्ट और बलिष्ठ होता है। वह अपने कार्यों से संसार में प्रसिद्ध होता है। ऐसा जातक धनवान होता है तथा राजातुल्य ऐश्वर्य को भोगने वाला होता है। यह मनुष्यों का नेता होने की योग्यता रखता है। नेतृत्व शक्ति के साथ वह उदार एवं साहसी व्यक्ति होता है।

विशेष — रूचक योग मूलत: प्रतिष्ठा, धन एवं संपन्नता का द्योतक योग है। यह योग व्यक्ति की विशिष्टता को बढ़ाता है। मानसागरी कार के अनुसार ऐसा व्यक्ति 70 वर्ष तक राजतुल्य ऐश्वर्य को भोगता है तथा शरीर पर अस्त्र के चिह्न का निशान होता है तथा किसी देवालय में अपना प्राणत्याग करता है।

(95) गुप्त धन प्राप्ति के योग

निष्पत्ति — बलवान बृहस्पति लग्न में हो तथा सुखेश, षष्टे एवं लाभेश धनस्थान में हो तो गुप्त धन प्राप्ति योग बनता है ।

परिणाम — ऐसे जातक को कहीं से गढ़ा हुआ खजाना, छिपा हुआ धन या ऐसा गोपनीय धनलाभ होता है जो प्रच्छन्न होता है । ऐसे लाभ की कल्पना पूर्व अनुमानित नहीं होती । यह योग भाग्यशाली व्यक्ति की कुंडली में ही पाया जाता है ।

(96) गुप्त धन प्राप्ति के योग

निष्पत्ति — लग्नेश धनस्थान में हो, धनेश एकादश में हो तथा एकादश स्थान का स्वामी लग्न में हो तो गुप्त धन प्राप्ति योग बनता है ।

परिणाम — ऐसे जातक को कहीं से गढ़ा हुआ खजाना, छिपा हुआ धन या ऐसा गोपनीय धनलाभ होता है जो प्रच्छन्न होता है । ऐसे लाभ की कल्पना पूर्व अनुमानित नहीं होती । यह योग भाग्यशाली व्यक्ति की कुंडली में ही पाया जाता है ।

(97) गुप्त धन प्राप्ति के योग

निष्पत्ति — चतुर्थेश धनस्थान में हो, चंद्रमा मंगल द्वितीय भाव में हो, धनेश बलवान हो तो गुप्त धन प्राप्ति योग बनता है ।

परिणाम — ऐसे जातक को कहीं से गढ़ा हुआ खजाना, छिपा हुआ धन या ऐसा गोपनीय धनलाभ होता है जो प्रच्छन्न होता है । ऐसे लाभ की कल्पना पूर्व अनुमानित नहीं होती । यह योग भाग्यशाली व्यक्ति की कुंडली में ही पाया जाता है ।

(98) गुप्त धन प्राप्ति योग

निष्पत्ति — चतुर्थेश एवं लाभेश नवम भाव में हो तथा मंगल से दृष्ट हो तो गुप्त धन प्राप्ति योग बनता है ।

परिणाम — ऐसे जातक को कहीं से गढ़ा हुआ खजाना, छिपा हुआ धन या ऐसा गुप्त धनलाभ होता है जो प्रकट में किसी को दिखाई नहीं देता या उसकी कोई पहले से कल्पना नहीं कर सकता । यह एक भाग्यशाली योग है, जो आपकी कुंडली में बना है ।

(99) शेयर बाजार, लॉटरी व सट्टा से धनप्राप्ति योग

निष्पत्ति — जन्म कुंडली के सभी ग्रह 1,2,3,7,8,10 एवं 11वें स्थान में ही हों तथा किसी भी भाव में दो से अधिक ग्रह न हों तो यह योग बनता है ।

परिणाम — ऐसे जातक को शेयर बाजार से धन लाभ होता है, इन्हें लॉटरी, सट्टा, जुआ एवं मटका, घुड़रेस से भी धन प्राप्त हो सकता है । ऐसा कोई भी कार्य जिसमें अचानक भाग्य बदलता है, जिससे धन की अचानक प्राप्ति होती हो, इस योग में जन्म लेने वाले जातक के लिए लाभदायक होंगे ।

(100) शेयर बाजार, लॉटरी व सट्टा से धन प्राप्ति योग

निष्पत्ति — सूर्य + चंद्र की युति जन्म कुंडली में कहीं भी हो परंतु लग्नेश सूर्य का मित्र होना चाहिए एवं अच्छी स्थिति में होना चाहिए ।

परिणाम — यह योग केवल अमावस्या को घटित होता है । इस योग में जन्म लेने वाले जातक को शेयर बाजार, लॉटरी व सट्टा द्वारा धनप्राप्ति के उत्तम आसार बनते हैं । ऐसा जातक इन कार्यों द्वारा अच्छा रुपया कमा सकता है ।

(101) शेयर बाजार, लॉटरी व सट्टा से धनप्राप्ति योग

निष्पत्ति — सूर्य चंद्रमा से उपचय 3-6-8-11 स्थानों में हो तथा बलवान हो, धनेश केंद्र में हो तो यह योग बनता है ।

परिणाम — इस योग में जन्म लेने वाला व्यक्ति भाग्यशाली होता है तथा इसे शीघ्र भाग्योदय करने वाले धंधों से, लॉटरी, जुआ, सट्टा, शेयर बाजार से लाभ होता है । अनुभव से यह देखा गया है कि उपरोक्त योग में जन्म लेने वाले जातक को घुड़रेस में ज्यादा लाभ होता है ।

(102) शेयर लॉटरी व सट्टा से धन प्राप्ति योग

निष्पत्ति — चंद्र एवं बृहस्पति की युति जन्मकुंडली के 2-4-5-9 एवं एकादश स्थान में हो तो यह योग बनता है ।

परिणाम — यह एक प्रकार से उत्तम योग है । चंद्र + गुरु की युति इन लेने वाले जातक को अचानक लॉटरी, सट्टे एवं शेयर बाजार से धन की प्राप्ति होती है । इसमें कोई संदेह नहीं ।

(103) शेयर बाजार, लॉटरी व सट्टा से धनप्राप्ति योग

निष्पत्ति — बुध पंचम स्थान में मित्र के घर में वह बलवान हो, चंद्रमा और मंगल लाभस्थान में हो तो यह योग बनता है ।

परिणाम — यह एक प्रकार से अति लक्ष्मी योग है । बुध व्यापार का कारक ग्रह है । ऐसे जातक को गोपनीय व्यापार जुआ, लॉटरी, सट्टे, शेयर बाजार के धंधे से अतुल धन-संपदा की प्राप्ति होती देखी गई है ।

(104) शेयर बाजार, लॉटरी व सट्टा से धन प्राप्ति योग

निष्पत्ति — द्वितीय एवं एकादश भाव के स्वामी अपनी उच्च राशियों में हों तो यह योग बनता है ।

परिणाम — इस योग में जन्म लेने वाले व्यक्ति को लॉटरी, सट्टा, जुआ, शेयर बाजार एवं भाग्योदय के अन्य क्रिया-कलापों द्वारा उत्कृष्ट धन की प्राप्ति होती है ।

(105) शेयर बाजार, लॉटरी व सट्टा से धन प्राप्ति योग

निष्पत्ति — पंचम भाव में चंद्रमा, शुक्र के द्वारा दृष्ट हो, धनेश की स्थिति बलवान हो तो उपरोक्त योग बनता है ।

परिणाम — पंचम भाव अचानक लाभ को देने वाला है । चंद्रमा भी हमेशा घटता-बढ़ता रहता है । शुक्र द्वारा दृष्ट होने पर चंद्रमा अचानक धन देने वाला बन जाता है । ऐसा कार्य जिसमें झटपट भाग्य बनता है, बिना परिश्रम के धन मिलता हो । इस योग में जन्म लेने वालों के लिए ये सभी कार्य अनुकूल रहते हैं । फलतः इस योग में उत्पन्न व्यक्ति को शेयर बाजार, लॉटरी, सट्टे वगैरा से लाभ रहेगा ।

(106) शेयर बाजार, लॉटरी व सट्टा से धनप्राप्ति योग

निष्पत्ति — धनेश अष्टम में, अष्टमेश धन स्थान में जाकर परस्पर स्थान परिवर्तन कर लें तो यह योग बनता है ।

परिणाम — इस योग में जन्म लेने वाले व्यक्ति को गुप्त व गलत तरीके से अर्जित द्रव्य का लाभ होता है । ताश के पत्ते, जुआ, मटका, स्मगलिंग द्वारा इन्हें शीघ्र लाभ होता देखा गया है ।

(107) शेयर बाजार, लॉटरी व सट्टा से धनप्राप्ति योग

निष्पत्ति — पांचवें घर का स्वामी होकर शुक्र यदि लाभस्थान में षष्ठेश से युति करके बैठे तो यह योग बनता है ।

परिणाम — यह योग मिथुन लग्न एवं मकर लग्न में ही बनता है । मकर लग्न में शुक्र, मंगल एकादश में होगा एवं मिथुन लग्न में मंगल, शुक्र एकादश में होने से यह येाग पूर्ण रूपेण घटित होगा । इस योग में जन्मे जातक को घुड़रेस, लॉटरी, सट्टा व शेयर मार्केट से प्रचुर धन की प्राप्ति होती है । यह योग जातक को उपरोक्त कार्यों के माध्यम से लक्षाधिपति बना देता है ।

(108) शेयर बाजार, लॉटरी व सट्टा से धन प्राप्ति योग

निष्पत्ति — पंचमेश पंचम भाव में हो, पंचम स्थान में लाभेश राहु या केतु के साथ हो तो यह योग बनता है ।

परिणाम — इस योग में जन्म लेने वाले जातक को लॉटरी द्वारा अचानक धन लाभ होता है । पंचम भाव विद्या का भी है एवं संतान का भी पर राहु केतु पापग्रह की युति होने से इस योग में जन्म लेने वाला व्यक्ति अपने ज्ञान (पूर्वानुमान) के द्वारा सट्टा, शेयर एवं मटके, व नंबर लगाने कार्य से भी बहुत रुपया कमाता है ।

(109) शेयर बाजार, लॉटरी व सट्टा से धन प्राप्ति योग

निष्पत्ति — षष्ठेश और लाभेश लाभस्थान में हो तो यह योग बनता है ।

परिणाम — ऐसे जातक को लॉटरी, जुआ, सट्टा व शेयर बाजार में अचानक धन की प्राप्ति होती है। कितना धन लाभ हो पाएगा यह लाभस्थान पर पड़ने वाली ग्रह दृष्टि पर निर्भर करता है ।

(110) शेयर बाजार, लॉटरी व सट्टा से धन प्राप्ति योग

निष्पत्ति — दसम भाव में बृहस्पति 15 अंशों का हो नैपच्यून त्रिकोण 5,9 में 22 अंशों का हो, धनेश बलवान हो तो बनता है ।

परिणाम — ऐसा जातक जुएं, सट्टे, लॉटरी एवं शेयर बाजार से खूब धन कमाता है । गोपनीय आसान तरीकों से धन कमाने का यह सबसे सुखद सौभाग्यशाली योग है ।

(111) स्वपराक्रम अर्जित धनयोग

निष्पत्ति — **धनस्थे यदि लग्नेशे निधिपा-बल संयुते ।**

परिणाम — लग्न का स्वामी बलवान होकर यदि धनस्थान में हो अथवा बलवान धनेश यदि लग्नेश से युति करे तो यह योग बनता है । इस योग में जन्म लेने वाला जातक अपने स्वयं के पराक्रम एवं पुरुषार्थ से यथेष्ट धन को अर्जित करता हुआ संसार में यशस्वी होता है ।

(112) स्वपराक्रम अर्जित धन योग

निष्पत्ति— **सर्वग्रहाधिक बले लग्नये केन्द्र जीवयुते ।**
वैशेषकांशे थेंये स्वोपार्जित धनः ॥ — *जातकतत्वम्*

परिणाम — लग्न का स्वामी सब ग्रहों से अधिक बलवान हो एवं केंद्र 1,4,7,10 स्थानों में हो, लग्नेश गुरु से युक्त या दृष्ट हो तथा धनेश वैशेषिकांश में स्थित हो तो जातक अपने स्वयं के पराक्रम एवं पुरुषार्थ से यथेष्ट धन को अर्जित करता हुआ, संसार में यशस्वी होता है ।

(113) स्वपराक्रम अर्जित धन योग

निष्पत्ति— **लग्नायपयुक्तोर्थेशः केन्द्रकोणे शुभदृष्टः ।**
कालबलान्वितः स्वोपार्जित धनः ॥ — *जातकतत्वम्*

परिणाम — धनेश, लग्नेश और लाभेश से युक्त होकर केंद्र त्रिकोण 1,4,7,10,5,9 में स्थित हो, तथा शुभग्रह से दृष्ट हो, कालबल से युक्त हो, तो जातक अपने स्वयं पराक्रम एवं पुरुषार्थ से यथेष्ट धन को अर्जित करता हुआ संसार में यशस्वी होता है ।

(114) स्वपराक्रम अर्जित धन योग

निष्पत्ति — **वित्तेश्वरेपश्यतिलग्ननाथे ।**
युते स्ववीर्याद्व्येति भर्त्यः ॥
तृतीय भावाधिपकारकाभ्यां ॥
दृष्ट युते तादृश्येति वित्तम् ॥ —*सर्वार्थ चिंतामणि*

परिणाम — लग्नेश धनेश को देखे, अथवा धनेश से युत हो, पराक्रमेश पराक्रम स्थान में हो या शुभ ग्रहों से दृष्ट हो तो जातक अपने स्वयं के पुरुषार्थ एवं पराक्रम से यथेष्ट धन को अर्जित करता हुआ संसार में यशस्वी होता है ।

(115) भ्रातमूल धन योग

निष्पत्ति — **बलान्वितो सोत्थगौ धनाद्गपौ ।**
पुंग्रहदृष्टयुक्तौ वैशेषिकांश गसोत्थेश ।
युतदृष्टौ भ्रातृधनाप्तिः । —*जातकतत्वम्*

परिणाम — लग्नेश व धनेश बलवान होकर तृतीय स्थान में स्थित हो और शुभ ग्रहों से देखे जाते हों अथवा बलवान धनेश की तृतीयेश से युति हो तो ऐसा जातक भाई के धन को प्राप्त करता है । यदि इन सबका मंगल से संबंध हो तो निश्चित ही भाई व नजदीकी रिश्तेदार का धन मिलता है । यदि तृतीयेश स्त्रीकारक ग्रह तो बहन से लाभ होता है । यदि आपकी कुंडली में यह योग पड़ा है तो आपको भाई-बहनों से निश्चित लाभ है ।

(116) भ्रातृमूल धन योग

निष्पत्ति— **भ्रातृपे लाभराशिस्थे, भ्रातृ संस्थिते।**
भ्रातृभावात् धनप्राप्ति, दिव्याभरण भूषिता॥

परिणाम — तृतीयेश लाभ में और लाभेश तृतीय में हो तो भाईयों के द्वारा धन-आभूषण-रत्नों की प्राप्ति होती है।

(117) मित्रमूल धन योग

निष्पत्ति — यदि बलवान धनेश की तृतीयेश से युति हो और इनसे मंगल का संबंध न हो तो जातक को मित्रों के द्वारा धन लाभ होता है।

परिणाम — यह देखा गया है कि ऐसे जातक का जान-पहिचान का क्षेत्र विस्तृत होता है तथा इष्ट मित्रों के संपर्क से धनवान एवं यशोवान होता है। इस योग में जन्म लेने वाले व्यक्ति की समाज में अच्छी प्रतिष्ठा होती है।

(118) मातृमूल धनयोग

निष्पत्ति — **तुर्येश युत दृष्टे धनेशे जननी धनलाभः।** *—जातकतत्वम् 2/50*

परिणाम — यदि बलवान धनेश की चतुर्थेश से युति हो या चतुर्थेश से दृष्ट हो तो जातक को माता के धन की प्राप्ति होती है। आपकी कुंडली में यह योग स्पष्ट बना है अतः आपको माता की सेवा से धनलाभ होगा। माता आपके भाग्योदय में सहायक होगी।

(119) भूमिमूल धन योग

निष्पत्ति— धनेशे सुखेशयुत दृष्टे वैशेषिकांशे बन्धुतः कृषेर्वा धनलाभः।

—जातकतत्वम्

परिणाम — यदि बलवान धनेश की सुखेश (चतुर्थेश) से युति हो या परस्पर दृष्टि संबंध हो तो जातक को भूमि से धन लाभ होता है। भूमि

भी माता का ही रूप है। परंतु भूमिमूल धनयोग में धनेश या सुखेश दोनों में से एक का मंगल से संबंध अवश्य होगा। ऐसे जातक को भूमि से (गढ़ा) धन मिलता है। इन को कृषि से भी लाभ होता है। यह भी देखा गया है कि ऐसे जातक को प्रोपर्टी क्रय-विक्रय, मकानों की दलाली, भवन-निर्माण के कार्यों से भी यथेष्ट धन की प्राप्ति होती है।

(120) पुत्र मूल धन योग

निष्पत्ति— **सुतेश तत्कारकाभ्यां युते दृष्टे वार्थेशे।**
बलिनितु ततो धनाप्तिः।
वैशेषिकांशेऽह् गेशे बलाढ्ये सुपुत्रार्जित धनाप्तिः।

—जातकतत्वम् 2/52

परिणाम — यदि पंचम स्थान का स्वामी और पंचम भाव का कारक बृहस्पति इन दोनों ग्रहों से धनेश युत हो या दृष्ट हो, साथ ही धनेश बलवान हो तो ऐसे जातक के पुत्र आज्ञाकारी होते हैं तथा ऐसा व्यक्ति अपनी संतान से धन व यश का अर्जन करता है। लग्नेश बलवान होकर यदि वैशेषिकांश में हो तो मनुष्य सुयोग्य संतान वाला होता है एवं सुपुत्र के कारण धन व यश को प्राप्त करता है।

विशेष — अनुभव से यह भी देखा गया है कि ऐसे जातक के घर में पुत्र जन्म के बाद उनका भाग्योदय हो जाता है। इसके पहले वे कुछ भी नहीं होते पर ज्यों ही पुत्र रत्न का जन्म हुए वे दिन दुने एवं रात चौगुने रूप से फूलने-फलने लगते हैं तथा लक्ष्मी जी की उन पर कृपा हो जाती है।

(121) पुत्रमूल धन योग

निष्पत्ति— **पुत्रेशे लाभभावस्थे, शुभयोग समन्विते।**
पुत्र द्वारा धनाप्तिं, कार्यसिद्धं समादिशेत्॥

यदि पंचमेश लाभस्थान में हो। पंचमेश उच्च का मित्र क्षेत्री या शुभग्रहों से दृष्ट हो तो यह योग बनता है।

परिणाम — इस योग में जन्मा जातक पुत्र के द्वारा धन, यश व कीर्ति का अर्जन करता है । ऐसे जातक के मित्र भी धनवान होते हैं एवं समाज में इन्हें उत्तम प्रतिष्ठा मिलती है । पुत्र आज्ञा में रहते हैं ।

(122) शत्रुमूल धनयोग

निष्पत्ति — **षष्ठेशतत्कारक युत दुष्टेर्येशे ।**
बलिनि शत्रुतो धनाप्तिः ॥ —*जातकतत्वम् 2/54*

परिणाम — बलवान धनेश की षष्टेश से युति हो अथवा षष्टभाव के कारक ग्रह मंगल या शनि से युति या दृष्टि संबंध हो तो जातक अपने शत्रुओं के द्वारा धन की प्राप्ति करता है ।

विशेष — शत्रुओं के द्वारा धनप्राप्ति का अर्थ है कि ऐसा जातक कोर्ट केस में अपने शत्रुओं को हराता है । यह भी अनुभव में आया है कि ऐसे जातक के अकारण शत्रु पैदा होते हैं जातक अपने शत्रुओं को परास्त करता है जिसके कारण उसे धन व यश की प्राप्ति होती है । यह एक प्रकार का शुभयोग है जो आपकी कुंडली में पड़ा है ।

(123) कलत्रमूल धनयोग

निष्पत्ति — **जायेशे तत् कारकयुत दृष्टे येंशे ।**
बलिनि भार्यातो धनाप्तिः ॥ —*जातकतत्वम् 2/55*

परिणाम — बलवान धनेश की सप्तमेश से युति होनी चाहिए अथवा धनेश की शुक्र से युति या दृष्टि संबंध हो ऐसे में लग्नेश का बलवान होना जरूरी है । ऐसे योग में जन्मा व्यक्ति पत्नी के माध्यम से धनवान होता है ।

यह अनुभव में आया है कि इस योग में जन्म लेने वाले व्यक्ति का भाग्योदय प्रायः विवाह के बाद होता है । इनका ससुराल धनवान होता है, ससुराल से धन मिलता है या फिर पत्नी अच्छी सर्विस पर होती है । कुल मिलाकर यह देखा गया है कि जातक को अपनी स्त्री द्वारा धन की प्राप्ति होती है ।

विशेष (1) – तुला लग्न में धनेश एवं सप्तमेश दोनों ही मंगल होता है। ऐसी स्थिति में बलवान धनेश मंगल शुक्र, गुरु से युत या दृष्ट होना चाहिए तभी यह योग सार्थक होगा।

(2) – इसी प्रकार मेष लग्न में धनेश एवं सप्तमेश शुक्र होता है। ऐसी स्थिति में बलवान शुक्र, गुरु से दृष्टि या युत होना चाहिए तभी यह योग घटित होगा।

(124) राज्यमूल धनयोग

निष्पत्ति –

राज्यधर्म कारकभावयाभ्यां।
गुरौः सकाशादपि धर्ममूलात्॥
कर्मेश तत्कारक दृष्टियोगात्।
धनं स्वदान ग्रहणात्स्वकीर्त्या॥

परिणाम – धनेश कारकेश से संबंध हो एवं इन पर शुभ ग्रह की दृष्टि हो तो ऐसा जातक राजा से, राज्य सरकार से धनलाभ पाता है। अनुभव में यह भी आया कि ऐसे जातक को सरकारी अधिकारियों एवं सरकारी ठेकों से काफी लाभ होता है।

विशेष– कन्या लग्न में धनेश व नवमेश दोनों शुक्र ही होता है। अतः वहां बृहस्पति की दृष्टि किंवा सम्बन्ध से ही लाभ हो जायेगा।

(125) धनाधिपति योग

निष्पत्ति — बलवान धनेश उच्च का होकर किंवा मित्रक्षेत्री या शुभक्षेत्री होकर यदि धनस्थान को देख ले तो कुंडली में धनाधिपति योग की सृष्टि होती है।

परिणाम — इस योग में जन्मा जातक अपने परिश्रम व पुरुषार्थ से रुपया कमाता है तथा धनसंग्रह करने में भी पूर्णत: होता है। यह एक प्रकार से शुभ योग कहा गया है। ऐसा जातक गरीब, मध्यम परिवार में जन्म लेकर कीचड़ में कमल की तरह आगे बढ़ता है तथा धीरे-धीरे अपनी आर्थिक स्थिति को मजबूत कर लेता है। यदि इसके अतिरिक्त लग्नेश, पंचमेश, भाग्येश या लाभेश में कोई भी ग्रह बलवान हो तो ऐसा जातक जीवन में गरीबी रेखा को पार करता हुआ देखते-देखते लाखों रुपए कमा जाता है।

(126) पितृमूल धनयोग

निष्पत्ति — **खेशतत्कारकं युत दृष्टेऽर्थेशे।**
बलिनि पितृतो धनाप्तिः।
अथवा
(127) **तुर्येऽर्के पितृधनाप्तिः॥** —*जातकतत्वम् 2/56-57*

परिणाम — बलवान धनेश एवं दसमेश की युति या दृष्टि संबंध हो। दोनों शुभग्रह या कारकेश से दृष्ट या युत हो तो पिता द्वारा धन की प्राप्ति होती है। ऐसे जातक को पैतृक संपत्ति मिलती है एवं यह भी देखा गया है कि ऐसे लोगों का भाग्योदय पैतृक व्यवसाय से होता है। पिता या पिता की संपत्ति अथवा पिता का व्यवसाय इनके भाग्योदय में मुख्य सहायक होता है।

दुर्योग

निष्पत्ति — दशमभाव का स्वामी यदि छठे, आठवें एवं बारहवें हो तो दुर्योग की सृष्टि होती है ।

परिणाम — ऐसे जातक को अपने द्वारा किए गए परिश्रम का पूरा लाभ नहीं मिलता । यदि लग्नेश कमजोर हो तो जातक दरिद्री होता है । वह दूसरों द्वारा नीची दृष्टि से देखा जाता है । ऐसा जातक अतिस्वार्थी होता है, जन्म स्थान पर ज्यादा नहीं टिक पाता तथा दूसरों को बेवकूफ बनाने की चेष्टा रहती है । यह एक प्रकार से धन को लेकर अशुभ योग है परंतु धनेश की स्थिति का अध्ययन करना भी जरूरी है ।

उदाहरण — जन्म— 27-7-1964

समय— 6-30 प्रातः, स्थान—जयपुर (राज०)

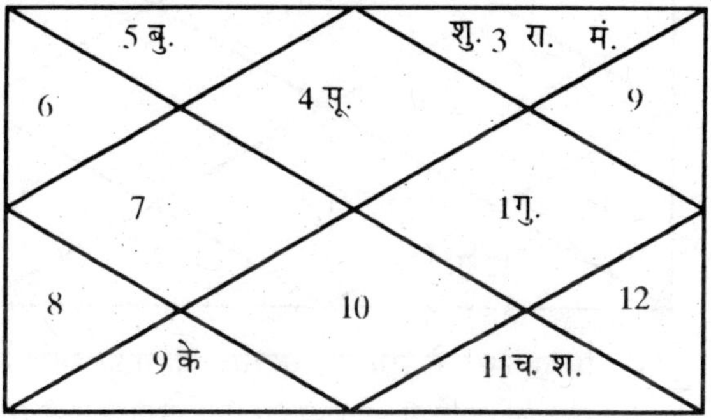

उपाय—

1. दशमेश एवं धनेश दोनों का रत्न धारण करें ।
2. दशम भाव के स्वामी का यंत्र गले में धारण करें एवं ग्रह-जाप करावें ।
3. चंद्रमा की उपाय संख्या 44 करें ।

(129) निर्धन योग

निष्पत्ति — **नीचे के केन्द्रे सपापे निर्धनः ।** *—जातकतत्वम् 2/84*

परिणाम — सूर्य नीच राशि का पीड़ित होकर यदि केंद्र स्थानों 1,4,7,10 में हो तथा लग्नेश बलहीन हो तो यह योग बनता है । इस योग में जन्म लेने वाला जातक निर्धन अरबपति के घर में हो जन्म क्यों न ले तो भी उस रुपयों के लिए दूसरों के सामने हाथ पसारना पड़ेगा । अर्थात् ऐसा व्यक्ति जीवन में दूसरों से किसी न किसी प्रकार से कर्जा लेता ही है । किसी अच्छे ज्योतिषी से सलाह लेकर इस योग का परिहार अवश्य करना चाहिए ।

उदाहरण — जन्म—3-11-1975

समय— 17-50, जन्मस्थान—बीकानेर (राज०)

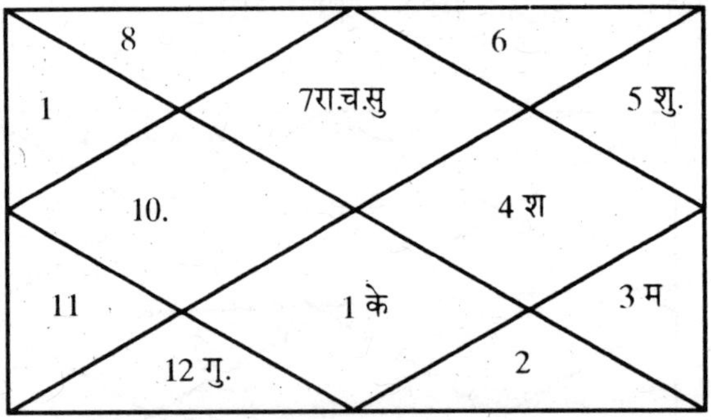

विशेष — मिथुन लग्न में सूर्य वृष, वृश्चिक या मकर राशि में हो तो यह योग घटित होगा । इसी प्रकार कर्क लग्न में कुंभ, मिथुन में राशि में सूर्य हो तो यह योग घटित होगा । सिंह लग्न में कर्क राशि, मकर या मीन राशि में सूर्य हो तो यह योग घटित होगा । इस योग की सार्थकता केवल वृष लग्न, वृश्चिक लग्न एवं मीन लग्न में पूर्ण रूप से घटित होती है । केंद्र वाली बात मेष, कर्क, तुला एवं मकर लग्न पर लागू होती है । यह योग बनने पर निम्न उपाय करें ।

उपाय — सूर्य की उपाय संख्या 6,8,9,14,28, एवं 35 करें ।

(130) निर्धन योग

निष्पत्ति — **सपापा धन धनेश आयेशा निर्धनः ।**

परिणाम — धन स्थान में पापग्रह हो, धनेश भी पापग्रह से युक्त हो और लाभेश भी पापाक्रांत हो तो यह योग बनता है । इस योग में जन्म लेने वाला व्यक्ति चाहे अरबपति के घर में ही जन्म क्यों न ले, तो भी उसे रुपयों के लिए दूसरों के सामने हाथ पसारना पड़ेगा । अर्थात् ऐसा व्यक्ति जीवन में दूसरों से किसी न किसी प्रकार कर्जा लेता ही है । इस योग का परिहार निम्न प्रकार से करना चाहिए ।

उपाय—

1. धनेश व लाभेश का रत्न धारण करें ।

2. धनेश या लाभेश का रत्न जड़ित यंत्र धारण करें ।

3. चंद्रमा का उपाय संख्या 44 या 45 करें साथ में उपाय संख्या 30,32,33,36 या 38 करें ।

(131) केमद्रुम योग

निष्पत्ति—

केमुद्रुम भवति पुत्र कलत्रहीनो,
देशान्तरे वव्रति दुखसभाभितप्तः ।
ज्ञातिप्रमोदनिरतो मुखरः कुचैलो,
नीचः सदाभवति भीतियुतश्चिरायुः ॥

—मानसागरी 4/1 पृ 222

जब चंद्रमा किसी ग्रह से युत न हो, चंद्र से द्वितीय तथा द्वादश स्थान में जब कोई ग्रह न हो तथा शुभ ग्रह चंद्रमा को न देखते हों तो "केमद्रुम योग" बनता है ।

परिणाम— यह दरिद्रतादायक योग है । शास्त्रकारों ने कहा है "द्रव्यदाते तु चन्द्रमाः ।" अर्थात् धन को देने में चंद्रमा का मुख्य हाथ है । केमद्रुम योग के परिणाम अमंगलकारी होते हैं इसलिए "जातक पारिजात" कहता है ।

योग केमद्रुमे प्राप्ते यस्मिन् कस्मिश्च्त्र जातके ।
राजयोगा विनश्यन्ति, हरि दृष्टवां यथा द्विपाः ॥

विशेष — अर्थात् दूसरे राजयोग व मंगलकारी योग कुंडली में चाहे जितने बनते हों परंतु यदि एक केमद्रुम योग बनता है तो सारे राजयोग उसी प्रकार नष्ट हो जाते हैं जिस प्रकार से एक सिंह सारे हाथियों के समूह को भगा देता है । यह योग दुःख का मूल है । जातक को पुत्र व पत्नी संबंध पीड़ा देता है, जातक को निरर्थक देशाटन कराता है । साथ ही जातक द्वारा एकत्रित धन का नाश करता है । रुपयों की प्राप्ति हेतु जातक को दर-दर भटकाता है । रुपये एकत्रित नहीं होने देता ।

उपाय— चंद्र की उपाय संख्या 1, 11, 12, 13, 14, 15, 16, 17, 18, 19, 20, 21, 23, 24, 25, 26, 32, 33, 36, 38, 39, 40, 41, 44 या 45 करें ।

(131) शकट योग

निष्पत्ति— बृहस्पति से चंद्रमा छठे, आठवें, बारहवें स्थान में हो और चंद्रमा केंद्र स्थानों में न हो तो ऐसी स्थिति में शकट योग बनता है ।

परिणाम— शकट योग में जन्म लेने वाला व्यक्ति अभाग्यशाली होता है । इसके पास सदैव धन का अभाव बना रहता है । इनके जीवन में बहुत सारे उतार-चढ़ाव आते रहते हैं । इसके सगे-संबंधी भी संकट के वक्त इस जातक की सहायता नहीं करते ।

उपाय— चंद्र की उपाय संख्या 1, 11, 12, 13, 14, 15, 16, 17, 18, 19, 20, 21, 23, 24, 25, 26, 32, 33, 36, 38, 39, 40, 41, 44 या 45 करें । इसके साथ बृहस्पति की उपाय संख्या 2,7, 13, 15, 29, 31 भी करें ।

(132) धन बाधा योग

निष्पत्ति — **धनेश त्रिकस्थो धनहानिकृत।**

धनेश यदि छठे, आठवें एवं बारहवें स्थान में हो तो लग्नेश कमजोर हो तो यह योग बनता है।

परिणाम — इस योग में जन्म लेने वाले व्यक्ति को धन के मामले में बहुत संघर्ष करना पड़ता है। जातक रुपया कमाता है पर खर्च हो जाता है। जिस प्रकार फूटे हुए घड़े में पानी नहीं ठहरता, उसी प्रकार से जातक के पास धन एकत्रित नहीं हो पाता। इस योग में जन्म लेने वाले व्यक्ति को किसी विद्वान ज्योतिषी से मार्गदर्शन लेकर धन बाधा योग की निवृत्ति के उपाय करने चाहिए।

उदाहरण — जन्म— 28-9-1975

समय— 6-00 प्रातः, स्थान—कलकत्ता (बंगाल)

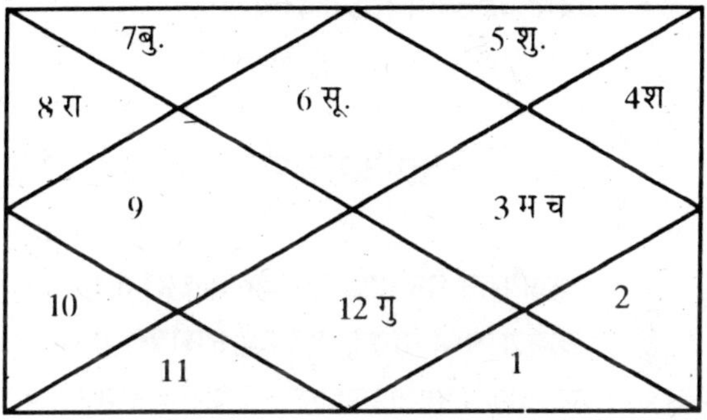

प्रस्तुत कुंडली में चंद्र + मंगल की युति से लक्ष्मीयोग भी बन रहा है साथ ही सुखेश गुरु केंद्र में होने से "हंस योग" भी बना है। परंतु धनेश व भाग्येश शुक्र बारहवें स्थान में हैं। ऐसा जातक लाखों में खेलता हुआ भी कंगाली अवस्था में रह रहा है।

उपाय— **1.** धनेश व लग्नेश के रत्न पहनें।

2. धनेश व लग्नेश के रत्नजड़ित यंत्र गले में धारण करें।

3. धनेश व लग्नेश से संबंधित ग्रहों की शांति का उपाय करें ।

4. चंद्रमा की उपाय संख्या 43 करें ।

(133) ऋणग्रस्त योग

निष्पत्ति — **दिनेशकरलुप्तस्तु धनेशो नीचराशगः ।**
पापान्विते धने रन्ध्रे, ऋणग्रस्तो भवेन्नर ॥

परिणाम — धनेश अस्तगत और नीचराशि का हो, धनस्थान और अष्टम स्थान पाप ग्रह युत या पापग्रस्त हो तो यह योग बनता है । इस योग में जन्मा जातक ऋणग्रस्त रहता है तथा इसके सिर पर कोई न कोई कर्ज रहता है ।

उपाय—

1. धनेश का रत्न धारण करें ।
2. धनेश का रत्न जड़ित यंत्र धारण करें ।
3. चंद्रमा की उपाय संख्या 44 या 45 करें ।

(134) ऋणग्रस्त योग

निष्पत्ति — **ऋणग्रस्तो धने पापे, लग्नेशे व्ययसंयुते ।**
कर्मेशे लाभ नाथेन, युते दृष्टे विशेषतः ॥

परिणाम — धनस्थान में पापग्रह हो, लग्नेश बारहवें स्थान में पड़ा हो, लग्नेश नवमेश या लाभेश से युत या दृष्ट हो तो यह योग बनता है । इस योग में जन्मा जातक ऋणग्रस्त रहता है । इसके सिर पर कोई न कोई कर्ज बना ही रहता है ।

उपाय—

1. धनेश व लग्नेश के रत्न धारण करें ।
2. धनेश व लग्नेश के संयुक्त रत्न जड़ित यंत्र धारण करें ।
3. साथ ही नवमेश या लाभेश ग्रहों की शांति का उपाय करें ।
4. चंद्रमा का उपाय संख्या 44 या 45 करें ।

(135) सदा ऋणग्रस्त योग

निष्पत्ति — छठे स्थान के स्वामी का तथा छठे में छठे भाव में स्वामी (लाभेश) का संबंध जब द्वितीय भाव तथा उसके स्वामी, दोनों से हो जाए तो यह योग बनता है।

परिणाम — छठा स्थान रोग, ऋण एवं रिपु का है। छठे भाव से अन्न, श्रम-ऋण-बदनामी-दुश्मनों की तृप्ति, क्षयरोग, उष्णता, चोट आदि का पता भी चलता है। "भावात् भावम्" के सिद्धांतानुसार एकादश भाव भी ऋण स्थान हो जाएगा।

विशेष — अत: षष्टेश युक्त लाभेश का जब धनेश या धनभाव से संबंध होगा तो जातक सदा ऋणग्रस्त ही रहेगा। उस पर कोई न कोई कर्जा सदैव बना रहेगा। एक कर्ज उतरेगा तत्काल दूसरा चढ़ जाएगा। ऐसे जातक को ऋणनाशक अनुष्ठान एवं ऋण मोचन मंगल स्त्रोत का पाठ करना चाहिए।

(136) धनहीन दरिद्री योग

निष्पत्ति — लाभेश यदि छठे, आठवें एवं बारहवें स्थान में हो तो दरिद्र योग की सृष्टि होती है।

परिणाम — ऐसा जातक दरिद्री होता है। उसे कर्ज दोष भी रहता है तथा उस पर खूब कर्जा होता है। ऐसा जातक संकीर्ण मन मस्तिष्क वाला होता है। यदि लग्नेश कमजोर हो तो जातक निश्चय ही अत्यधिक गरीब होता है। धनहीन योग की निवृत्ति हेतु आपको निम्न उपाय श्रद्धापूर्वक करना चाहिये।

उदाहरण — 25-9-1958,

समय— 6-30 प्रात:, जन्मस्थान-दिल्ली।

उपाय—

1. लाभेश का रत्न धारण करें।
2. लाभेश का रत्न जड़ित यंत्र धारण करें।
3. धनेश व लाभेश का संयुक्त यंत्र धारण करें।
4. चंद्रमा का उपाय 44 या 45 करें।

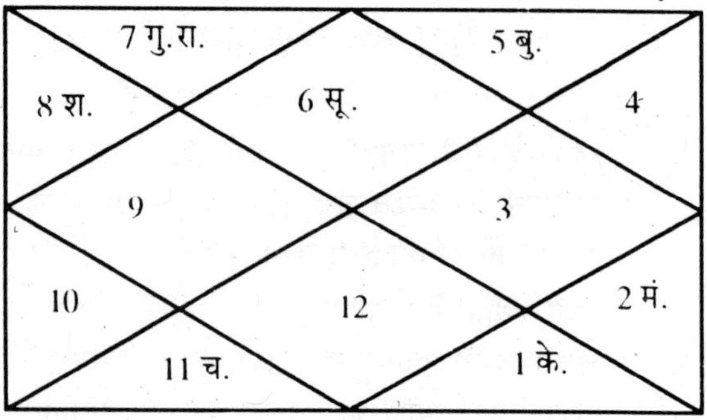

(137) महादरिद्री योग

निष्पत्ति — **लाभेशे नीचभेऽस्ते वा भिके पापसमन्विते ।**
कृते भूरि प्रयत्नेऽपि नैव लाभः कदाचन ।।

परिणाम — लाभेश यदि छठे, आठवें एवं बारहवें स्थान में हो साथ ही लाभेश नीच का हो, अस्त हो एवं पाप पीड़ित हो तो मनुष्य महादरिद्री होता है । शास्त्रकार कहते हैं ऐसा व्यक्ति यदि कोटि यज्ञ करे तो भी उसे लाभ नहीं होता । निश्चय ही यह योग अशुभ फलदायक है । जिसकी कुंडली में यह योग होता है उसे धनाभाव की पीड़ा सदा बनी रहती है । इस योग में जन्म लेने वाले व्यक्ति को इस योग की निवृत्ति हेतु उपाय करने चाहिए ।

उदाहरण — जन्म— 20-10-1949
समय— 15-50 दोपहर, स्थान—दिल्ली ।

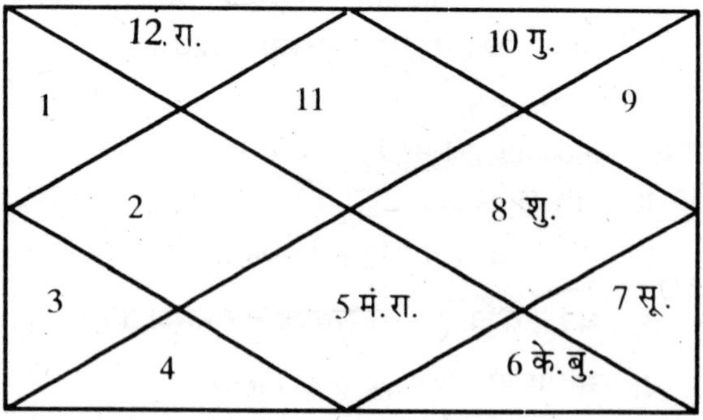

यह योग केवल सिंह लग्न अथवा कुंभ लग्न पर ही घटित हो सकता है क्योंकि बाकी अन्य लग्नों में जो भी ग्रह लाभेश होगा वह छठे, आठवें या बारहवें स्थान जाकर नीच राशि गत नहीं हो सकता। सिंह लग्न में लाभेश बुध यदि आठवें हो तो नीचराशिगत हो सकता है। इसी प्रकार कुंभ लग्न में लाभेश गुरु यदि बारहवें स्थान में चला जाए तो नीच राशिगत हो सकता है। प्रस्तुत कुंडली वाला जातक युवावस्था की दहलीज को पार करने के बाद, अथक परिश्रम करने के पश्चात् भी आज भी कंगाल अवस्था में महादरिद्र का दरिद्र ही बना बैठा भारी कष्टों को भोग रहा है।

उपाय—

1. लाभेश का रत्न धारण करें।
2. लाभेश का रत्न जडित यंत्र धारण करें।
3. धनेश + लाभेश के रत्न बीसा यंत्र के साथ मंत्रपूत करके धारण करें।
4. चंद्रमा के उपाय संख्या 44 या 45 को करें।

(138) भिक्षुक योग

निष्पत्ति — **कर्माधिपेन सहितो विक्रमेशोऽपि निर्बलः।**
भाग्यपो नीच मूढस्थो योगो भिक्षानिप्रदाः ।।

परिणाम — दशमेश, तृतीयेश और भाग्येश यदि निर्बल, नीचराशिगत या अस्त हो तो जातक भिक्षुक होता है। ऐसा व्यक्ति धन के लिए दूसरों से याचना करता फिरता है। धन के मामले को लेकर यह सबसे निकृष्ट योग है।

उपाय—

1. दशमेश, तृतीयेश और भाग्येश तीनों के संयुक्त रत्न अंगूठी या लॉकेट में जड़वा कर पहनें।
2. बीसा यंत्र बनावें। उसके चारों ओर तीनों रत्न जड़वा कर सही ढंग से यंत्रपूत करावें।
3. लक्ष्मी की उग्र साधना करें।
4. चंद्रमा के उपाय संख्या 44 या 45 वाला प्रयोग ज्यादा उपयुक्त रहेगा।

(139) पैतृक संपत्ति न मिलने के योग

निष्पत्ति — **मेषे चन्द्रे, घटे मन्दे, नक्रे शुक्रे।**
वापेऽर्के पैतृक धनं न लभते ।।

परिणाम — मेष में चंद्रमा, कुंभ में शनि, मकर में शुक्र एवं धनु में सूर्य हो तो यह योग बनता है। ऐसे जातक को अपने पिता एवं बाप दादा द्वारा संपादित धन की प्राप्ति नहीं होती। ऐसा व्यक्ति स्वयं के पराक्रम में ही संपत्ति अर्जित करता है और आगे बढ़ता है।

विशेष — वैसे ये चारों योग अपने आप में स्वतंत्र हैं पर यदि किसी कुंडली में दो या दो से अधिक योग एक साथ घटित हो जाएं तो पैतृक संपत्ति का मिलना और भी कष्टकर हो जाता है।

उपाय—

1. सूर्य की उपासना करें।
2. सूर्य के उपाय संख्या 6,8,10,16,20,21,26,28 करें।
3. रत्न जड़ित "सूर्ययंत्र" धारण करें।
4. जिस ग्रह योग से बाधा उत्पन्न हुई, उस ग्रह की भी साथ में उपासना करें।

(140) राजदंड से संपत्ति नाश योग

निष्पत्ति -- **लग्नेशे अल्पबले, सूर्ययुते अर्थेशेऽन्त्ये।**
नीचे वा पापदृष्टे, राजदण्डात् धनक्षयः ।।

परिणाम — लग्नेश अल्पबली हो, धनेश सूर्य से युत होकर बारहवें स्थान में हो, द्वादशस्थ नीचराशिगत या पापदृष्ट हो तो राजा के दंड से धन का नाश होता है। ऐसा व्यक्ति कोर्ट-केस या मुकदमे में हारता है। यदि जातक सरकारी अधिकारी है तो अपने से उच्च अधिकारियों द्वारा प्रताड़ित होता है। उसे नौकरी से च्युत होने का खतरा भी बना रहता है। कुल मिलाकर इस योग में जन्मा व्यक्ति राज्य के द्वारा दण्डित होता है जिसका सीधा असर जातक की आर्थिक स्थिति पर पड़ता है। जातक को समय रहते इस योग का परिहार करा लेना चाहिए।

विशेष — वृश्चिक लग्न में द्वादशस्थ सूर्य गुरु के साथ हो तो यह योग ज्यादा मुखरित होता है ।

उपाय—

1. लग्नेश व सूर्य का संयुक्त रत्न धारण करें ।
2. सूर्य की उपासना करें तथा आदित्य हृदयस्त्रोत का नियमित पाठ करें ।
3. सूर्य की उपासना संख्या 6,8,10,16,20,21,26 एवं 28 करें ।
4. माणक या रातडी से जड़ित सूर्ययंत्र धारण करें ।

(141) राजदंड से संपत्तिनाशक योग

निष्पत्ति — **षष्ठेऽष्टमे व्यये वाऽपि, धनलाभाधिपौ यदि ।**
लाभे कुजो धने राहू, राजदण्डाद्धनक्षयः ॥

परिणाम — धनेश और लाभेश दोनों छठे, आठवें और बारहवें स्थान में हों, तथा ग्यारहवें मंगल, दूसरे में राहु हो तो यह योग बनता है । ऐसे जातक का धन नाश राजदंड के कारण होता है । बहुत संभव है ऐसा जातक कोर्ट-कचहरी एवं पंचायत में मुकदमा हारता है । सरकारी अधिकारी इससे अप्रसन्न रहते हैं । इनको इंकमटैक्स से पैनेल्टी लगने का भय, छापा लगने का भय बना रहता है । धन के मामले में यह अशुभ योग है । जातक को समय रहते, अच्छे ज्योतिषी से सलाह लेकर ऐसे योग की निवृत्ति करा लेनी चाहिए ।

(142) धर्मकार्यार्थ खर्च योग

निष्पत्ति — **शुक्रे ज्यौ वा चन्द्रज्ञो व्यये धर्ममूलक धनक्षयः ।**

परिणाम — शुक्र व बृहस्पति अथवा चंद्रमा व बुध ये दोनों व्यय स्थान (बारहवें) में स्थित हों तो ऐसे जातक का रुपया धर्म कार्य में खर्च होता है । धर्मशाला, न्यातिभवन, प्याऊ, स्कूल एवं विभिन्न प्रकार के धार्मिक कार्यों में जातक का पैसा खर्च होगा जिससे जातक को यश मिलेगा परंतु धन का क्षय हो जाएगा ।

विशेष — भौतिक बुद्धि वाले, स्वार्थपरक लोग इस योग को एक प्रकार का दुर्योग मानते हैं जबकि आध्यात्मिक बुद्धि वाले लोग परोपकार में खर्च होने वाले रुपये को एक पुण्यशाली शुभ योग मानते हैं। यह तो जातक के स्वयं की दृष्टि एवं सोचने का ढंग है कि वह इस योग को किस प्रकार से लेता है।

परामर्श— 1. इस योग को और अधिक पुष्ट करना हो तो जिस ग्रह के संसर्ग से यह योग बना, उस ग्रह का रत्नजड़ित यंत्र धारण करें तथा तत्संबंधी व्रत करें, उपासना करें।

2. यदि इस योग को निर्बल करना हो तो तत्संबंधी ग्रह का जप-जाप करवा कर यज्ञ तथा मार्जन द्वारा उसकी शांति करें।

3. नवग्रहों का एक यंत्र चित्रात्मक लावें तथा जिस ग्रह के कारण यह योग बना, उस ग्रह देवता एवं उस ग्रह के कोष्टक पर चंदन की बिंदी लगावें, पुष्प चढ़ावें एवं धूप-दीप करें। संबंधित ग्रह प्रमुदित एवं प्रसन्न रहेगा तथा उसकी वजह से होने वाले कष्टों में न्यूनता आ जायेगी। पाठकगण ऐसा यन्त्र कार्यालय से प्राप्त कर सकते हैं।

(143) पापकर्म में धनक्षय योग

निष्पत्ति — **व्यये व्ययेशे वो पाप सम्बन्धे पापमूलक धनक्षयः।**

परिणाम — व्यय स्थान का स्वामी बारहवें स्थान हो एवं व्यय स्थान का पापग्रहों से संबंध हो तो यह योग बनता है। इस योग के होने से व्यक्ति का रुपया गलत कार्यों एवं फालतू कार्यों में खर्च होता है। इसे एक प्रकार से फिजूल खर्चा का योग भी कह सकते हैं।

विशेष — ऐसा व्यक्ति बिना विचारे, भावावेश में आकर रुपया लॉटरी, जुआ, सट्टा व ऐशो-आराम में खर्च कर देता है तथा बाद में पछताता है। प्रायः बड़े जुआरियों व नशेड़ियों की कुंडली में यह योग बहुतायत से देखा गया है।

उपाय— 1 भावावेश पर नियंत्रण रखने के लिए ऐसे व्यक्ति को सर्वप्रथम सूर्य या गायत्री की उपासना करनी चाहिए।

2. व्ययेश जो भी ग्रह हो उसकी शांति का उपाय करना चाहिए।

3. चंद्रमा का उपाय संख्या 44 या 45 करें।

(144) राजपुत्रोऽपि दरिद्री योग

निष्पत्ति — **पुष्पवन्तौ घटे शेषा नीचर्क्षगा ।**
राजपुत्रोऽपि दरिद्री ।

परिणाम — सूर्य और चंद्र या दोनों ही कुंभराशि में होवें और शेष सभी ग्रह अपनी नीच राशियों में गए हों तो यह योग बनता है । ऐसा जातक राजा का पुत्र भी होवे या अरबपति के घर में भी जन्म ले तो भी दरिद्री ही होता है । ऐसे जातक को इस कुयोग की शांति निम्न उपायों से करनी चाहिए ।

विशेष — यह योग मीन लग्न में ज्यादा कष्टकारी माना गया है ।

उपाय—

1. सूर्य संबंधी उपाय 9,10,13,20,28 एवं 35 करें ।
2. चंद्र संबंधी उपाय 1,11,12,17,19,26,32,33 एवं 34 करना चाहिए ।

(145) राजपुत्रोऽपि दरिद्री योग

निष्पत्ति— **ज्ञेद्वारयमानानीचगा मृगे शुक्रे ।**
राजपुत्रोऽपि दरिद्री ॥

परिणाम — बुध, चंद्र, मंगल और शनिश्चर ये चारों ग्रह अपनी नीच राशि में शत्रुक्षेत्री एवं पापपीड़ित हों तो यह योग बनता है । इस योग में जन्मा जातक राजा का पुत्र भी होवे या अरबपति के घर में भी जातक जन्म ले तो भी दरिद्री होता है । ऐसे जातक को निम्न उपाए द्वारा इस कुयोग से अपनी रक्षा करनी चाहिए ।

उपाय—

1. नवग्रह का चित्रात्मक यंत्र लें तथा क्रमश: इन ग्रहों के चित्र व कोष्टक को चंदन, पुष्प, धूपबत्ती करें ।
2. चारों ग्रहों की शांति का उपाय करें ।
3. चंद्र संबंधी उपाय संख्या 45 करें ।

(146) अकस्मात् धनहानि योग

निष्पत्ति — अष्टमेश वक्री होकर कहीं भी बैठा हो।

परिणाम — इस योग में जन्मे जातक को अचानक धन की हानि होती है। धन्धे, व्यापार, नौकरी या कृषि में कोई ऐसा कार्य हो जाता है कि धन की हानि उठानी पड़ती है।

जिस प्रकार से मनुष्य के जीवन में अचानक दुर्घटना में घटित हो जाती है उसी प्रकार से इस योग के कारण मनुष्य को अचानक धन का नुकसान उठाना पड़ता है। आकस्मिक धनहानि के बचाव हेतु मनुष्य को एक श्रीयंत्र शरीर पर धारण करना चाहिए एवं दूसरा श्रीयंत्र पूजन कक्ष में स्थापित करके नियमित श्रीसूक्त का पाठ करना चाहिए।

उपाय—

1. अष्टेमश की शांति का उपाय यज्ञ मार्जन, जप एवं दान द्रारा करना चाहिए।
2. चंद्रमा संबंधी उपाय संख्या 44 करें।

(147) अकस्मात् धनहानि योग

निष्पत्ति — अष्टम स्थान में कोई ग्रह वक्री होकर बैठा हो।

परिणाम — इस योग में जन्मे जातक को अचानक धन की हानि होती है। धन्धे, व्यापार, नौकरी या कृषि में कोई ऐसा कार्य हो जाता है कि धन की हानि उठानी पड़ती है।

जिस प्रकार से मनुष्य के जीवन में अचानक दुर्घटना में घटित हो जाती है उसी प्रकार से इस योग के कारण मनुष्य को अचानक धन का नुकसान उठाना पड़ता है। आकस्मिक धनहानि के बचाव हेतु मनुष्य को एक श्रीयंत्र शरीर पर धारण करना चाहिए एवं दूसरा श्रीयंत्र पूजन कक्ष में स्थापित करके नियमित श्रीसूक्त का पाठ करना चाहिए।

उपाय—

1. अष्टेम की शांति का उपाय मार्जन, जप एवं दान द्रारा करना चाहिए।
2. चंद्रमा संबंधी उपाय संख्या 44 करें।

(148) अकस्मात धनहानि योग

निष्पत्ति– अष्टम स्थान में कोई भी ग्रह नीच का हो एवं अस्तंगत हो ।

परिणाम– इस योग में जन्में जातक को अचानक धन की हानि होती है । धन्धे, व्यापार, नौकरी या कृषि में कोई ऐसा कार्य हो जाता है कि धन की हानि उठानी पड़ती है ।

जिस प्रकार से मनुष्य के जीवन में अचानक दुर्घटना में घटित हो जाती है उसी प्रकार से इस योग के कारण मनुष्य को अचानक धन का नुकसान उठाना पड़ता है । आकस्मिक धनहानि के बचाव हेतु मनुष्य को एक श्रीयंत्र शरीर पर धारण करना चाहिए एवं दूसरा श्रीयंत्र पूजन कक्ष में स्थापित करके नियमित श्रीसूक्त का पाठ करना चाहिए ।

उपाए–

1. अष्टेम की शांति का उपाए मार्जन, जप एवंदान द्वारा करना चाहिए ।
2. चंद्रमा संबंधी उपाए संख्या 44 करे ।

(149) अकस्मात धनहानि योग

निष्पत्ति – अष्टमेश शत्रुक्षेत्री हो ।

परिणाम – इस योग में जन्मे जातक को अचानक धन की हानि होती है । धन्धे, व्यापार, नौकरी या कृषि में कोई ऐसा कार्य हो जाता है कि धन की हानि उठानी पड़ती है ।जिस प्रकार से इस योग के कारण मनुष्य को अचानक धन का नुकसान उठाना पड़ता है ।

उपाय–

1. आकस्मिक धन हानि के बचाव हेतु मनुष्य को एक “श्रीयंत्र” शरीर पर धारण करना चाहिए एवं दूसरा श्रीयंत्र पूजन कक्ष में स्थापित करके नियमित श्रीसूक्त पाठ करना चाहिए ।
2. अष्टमेश की शांति का उपाय जप-तप यज्ञ व मार्जन द्वारा करना चाहिए ।
3. चंद्रमा का उपाय संख्या 44 करना चाहिए ।

(150) अकस्मात् धनहानि योग

निष्पत्ति — गोचर में राहु का अष्टम स्थान में भ्रमण हो यहां राहु या अन्य पाप ग्रह बैठा हो।

परिणाम — इस योग में जन्मे जातक को अचानक धन की हानि होती है। धन्धे, व्यापार, नौकरी या कृषि में कोई ऐसा कार्य हो जाता है कि धन की हानि उठानी पड़ती है। जिस प्रकार से मनुष्य के जीवन में अचानक दुर्घटनाएं घटित हो जाती हैं ठीक उसी प्रकार से इस योग के कारण मनुष्य को अचानक धन का नुकसान उठाना पड़ता है।

उपाय—

1. आकस्मिक धनहानि के बचाव हेतु मनुष्य को एक श्रीयंत्र शरीर पर धारण करना चाहिए एवं दूसरा श्रीयंत्र पूजन कक्ष में स्थापित करके नियमित श्रीसूक्त पाठ करना चाहिए।
2. चंद्रमा का उपाय संख्या 44 करें।
3. राहु ग्रह के उपाय संख्या 1,9,18,21,27,30,33 करें।

(151) अकस्मात् धनहानि योग

निष्पत्ति— बृहस्पति बारहवें हों एवं धनेश बलहीन हो तथा लग्न पर शुभ ग्रह की दृष्टि न हो।

परिणाम— इस योग में जन्मे जातक को अचानक धन की हानि होती है। धंधे, व्यापार, नौकरी या कृषि में कोई ऐसा कार्य हो जाता है कि धन की हानि उठानी पड़ती है। जिस प्रकार से मनुष्य के जीवन में अचानक दुर्घटनाएं घटित हो जाती हैं। ठीक उसी प्रकार से इस योग के कारण मनुष्य को अचानक धन का नुकसान उठाना पड़ता है। आकस्मिक धनहानि के बचाव हेतु मनुष्य को श्रीयंत्र शरीर पर धारण करना चाहिए एवं दूसरा श्रीयंत्र पूजन कक्ष में स्थापित करके नियमित श्रीसूक्त का पाठ करना चाहिए।

उपाय — बृहस्पति ग्रह के उपाय संख्या 7, 10, 12, 15, 18, 22, 23 28 करें।

(152) अकस्मात् धनहानि योग

निष्पत्ति— धनेश छठे, आठवें, बारहवें जाकर पापग्रस्त हो ।

परिणाम— इस योग में जन्मे जातक को अचानक धन की हानि होती है । धंधे, व्यापार, नौकरी या कृषि में कोई ऐसा कार्य हो जाता है कि धन की हानि उठानी पड़ती है । जिस प्रकार से मनुष्य के जीवन में अचानक दुर्घटनाएं घटित हो जाती हैं । ठीक उसी प्रकार से इस योग के कारण मनुष्य को अचानक धन का नुकसान उठाना पड़ता है । आकस्मिक धनहानि के बचाव हेतु मनुष्य को एक श्रीयंत्र शरीर पर धारण करना चाहिए एवं दूसरा श्रीयंत्र पूजन कक्ष में स्थापित करके नियमित श्रीसूक्त का पाठ करना चाहिए ।

उपाय—

1. धनेश का मन्त्रपूत रत्न धारण करें ।
2. धनेश का रत्न मंत्रपूत करके उसी के यंत्र में धारण करें ।
3. चंद्रमा के उपाय संख्या 45 का पालन करें ।

चंद्रमा की शांति के विविध उपाय

(1) अनिष्ट चंद्रमा की शांति के लिए पूर्णिमा व्रत सहित चंद्र मंत्र का विधिवत् अनुष्ठान करना चाहिए।

(2) कर्क या वृष के निर्बल चंद्र के लिए भगवती गौरी अथवा परांबा ललिता।

(3) मेष या वृश्चिक राशि के चंद्र में दुर्गाजी, मध्य बली चंद्रमा के लिए मां काली, दूषित क्षीण चंद्र में चामुंडा देवी की आराधना करें।

(4) भीषण प्रारब्ध कर्मों के नाश के लिए दक्षिणामूर्ति शिव का मंत्र और स्त्रोत पाठ करना चाहिए।

(5) स्वास्थ्य एवं त्रिविध तापों के शमनार्थ महामृत्युंजय जप, होम, एवं कवच पाठ अमोघ है।

(6) चंद्र निर्बलता में कैलशियम की विशेष कमी हो जाती है, अतः उसका सेवन (विशेषकर बच्चों को) बहुत हितकर है।

(7) भगवती का पूजन करके अंबाशत नाम के द्वारा मां पर सौ श्वेत सुगंधित पुष्प चढ़ाना और ललिता सहस्त्र नाम का पाठ भी इष्टप्रद है।

(8) केतु के साथ चंद्र होने पर गणपति उपासना करनी चाहिए।

(9) दुर्गा सप्तशती का पाठ चंद्र सहित सभी ग्रहों की अनुकूलतादायक एवं सर्वसिद्धिप्रद होता है।

(10) बालारिष्ट से बचने हेतु बच्चे के गले में चांदी का चंद्रमा, अभियंत्रित करके पहनावें।

(11) चंद्रमा को मजबूत करना हो तथा धन प्राप्ति की इच्छा हो तो मोती युक्त "चंद्र यंत्र" गले में धारण करें।

(12) सोमवार का व्रत 5 या 11 या 43 बार रखना।

(13) शिव जी की पूजना करना; अमरनाथ जी की यात्रा या पूजना करना।

(14) द्वादश ज्योतिर्लिंगों की यात्रा कर, पूजन करना।

(15) चावल, चांदी, दूध आदि का दान करना।

(16) सच्चा मोती (दूधिया रंग) धारण करना, मोती के अभाव में चांदी धारण करना।

(17) दूध का बर्तन रात को सिरहाने रख कर सुबह कीकर या यज्ञीयवृक्ष में को डालना।

(18) माता (सास/मासी/मामी एवं घर में बुजुर्ग औरतों) का आशीर्वाद लेना।

(19) चारपाई के पायों में चांदी की कील गाड़ना।

(20) आसमानी बर्फ (ओले) शीशी में रखना या गंगा जल का प्रयोग करना।

(21) श्मशान भूमि में स्थित कुएं (ट्यूबवैल) पर कभी-कभी स्नान करना या चावल या चांदी श्मशान की चारदीवारी के अंदर गिराना।

(22) चलते पानी में (गंगा) स्नान करना।

(23) छत पर पानी की टंकी गोल न बनाना (चौरस का बहम नही)।

(24) पानी टंकी को 3-6 महीने में सफाई करवाते रहना। घर में कही भी पानी के सड़ने से चंद्रमा रुष्ट रहता है। जिनका चंद्रमा दूषित हो उनको अपने घर के आगे कीचड़ या गंदे पानी का जमाव नहीं होने देना चाहिए।

(25) सीढ़ियों के ऊपर/ सामने हैंडपम्प न रखना (सीढ़ियों के सामने पानी का साधन न बनाना)।

(26) घर की छत के नीचे कुआं या हैंडपंप न लगाना।

(27) चंद्रमा उच्च हो तो चंद्र की चीजों का दान न देना।

(28) चंद्र नीच हो तो चंद्र की चीजों का दान न लेना।

उपरोक्त उपाय 5 या 11 या 43 दिन या सप्ताह या मास लगातार करने चाहिएं।

(29) मकर लग्न हो, सप्तमेश चंद्रमा छठे, आठवें या बारहवें हो अथवा पाप-पीड़ित या क्षीण बली हो तो ऐसी स्थिति में वैवाहिक जीवन पूर्णतः कष्टमय होने की संभावना रहती है। भावी वैवाहिक जीवन सुखमय हो इसके लिए विवाह समय में दो बराबर वजन के दूधिया मोती या चांदी के टुकड़े अथवा चावल की ढेरी ले। फिर सुखी गृहस्थ जीवन हेतु संकल्प

लेकर, एक टुकड़ा बहते पानी में बहा दें तथा दूसरा टुकड़ा स्त्री अपने पास रखे। जब तक वह मोती, चांदी का टुकड़ा स्त्री के पास रहेगा, उसको चंद्रमा के अशुभ प्रभाव से बचाव होता रहेगा तथा उसका गृहस्थ जीवन सुखमय रहेगा।

(30) चंद्र पीड़ा की विशेष शांति हेतु चांदी, मोती, शंख, सीप, कमल और पंचगव्य मिला कर सात सोमवार तक स्नान करें।

(31) पंच धातु के शिवलिंग का निर्माण करके, उसका यथायोग्य पूजन करने से चंद्र पीड़ा शांत होती है।

(32) चंद्र पीड़ित को प्रदोष तथा श्रावण-सोमवार व्रत अवश्य ही करने चाहिएं।

(33) नियमित शिवमंदिर जाकर शिवजी के दर्शन करें।

(34) शिवचालीसा का नियमित पाठ करें।

(35) एक अथवा पंचमुखी रुद्राक्ष को पूजा स्थान पर स्थापित कर उसकी नियमित पूजा करें।

(36) दक्षिणावर्ती शंख की पूजा करें।

(37) ॐ नमः शिवाय की नित्य एक माला का जप करें।

(38) तीन सफेद पुष्प प्रति सोमवार एवं पूर्णिमा को कुएं में अथवा बहती-नदी में प्रवाहित करें।

(39) रजत पात्र में जल पिएं।

(40) न तो सूर्यास्त के बाद दूध पिएं न पिलावें।

(41) हर सोमवार को बबूल के झाड़ में दूध चढ़ावें।

(42) यदि संतान प्रतिबंधक ग्रह चंद्रमा है तो माता, मौसी, सास, गुरु पत्नी या किसी अन्य सधवा स्त्री के चित्त को दुःख पहुंचाने के कारण जातक को संतान सुख नहीं है। अतः चंद्रमा के वेदोक्त मंत्रों के ग्यारह हजार जप करने चाहिएं। चंद्रमा संबंधी वस्तुओं का दान करते हुए सोमवार का नियमित व्रत रखना चाहिए।

(43) हरिवंश पुराण के अनुसार ऐसे जातक को शिव की उपासना करनी चाहिए।

(44) घर में सप्तधातु का श्रीयंत्र स्थापित करें एवं उसके सामने श्रीसूक्त के 15 मंत्रों का नियमित पाठ करें।

(45) नवरत्न जड़ित स्पेशल पावरफुल श्रीयंत्र गले में धारण करें।

सूर्य की शांति के विविध उपाए

(1) सूर्य कृत समस्त अरिष्टों के शमनार्थ सूर्य मंत्र का विधिवत् अनुष्ठान एवं आदित्य-हृदय स्तोत्र (वाल्मीकि कृत रामायण से) का पाठ सर्वोत्तम और अमोघ है। इससे समस्त शारीरिक व्याधियां, शत्रु बाधा, विभागीय और सरकारी कार्य, विवाद आदि में निश्चित लाभ मिलता है।

(2) सूर्य यदि पापग्रहों के साथ हो, विशेष रूप से शनि या राहु की युति में हो तो विधिवत् रूद्राभिषेक करना या कराना चाहिए।

(3) नेत्र व्याधियों में सूर्य नमस्कार सहित नेत्रोपनिषद् का नित्य पाठ करें।

(4) सूर्य कृत साधारण अरिष्टों में नवग्रह कवच सहित सूर्य कवच एवं शतनाम का पाठ भी पर्याप्त शुभप्रद रहता है। शिवार्चन एवं महामृत्युंजय जप का साधन तो सर्व अरिष्ट नाशक होता ही है।

(5) संक्रांति के दिन तुलादान भी सूर्य शांति में लाभदायक है।

(6) प्रतिदिन लाल चंदन एवं केसर मिश्रित जल से सूर्यांजलि देना व गायत्री जप भी श्रेयस्कर है।

(7) प्रश्न मार्ग के अनुसार बाधक स्थान में सूर्य होने से शिव एवं भूत आदि के कोप से रोग होते हैं अत: उन्हें अर्चना से प्रसन्न करना चाहिए। स्त्री राशि में सूर्य होने पर भगवती की आराधना करनी चाहिए। हवन एवं दान प्रत्येक अनुष्ठान के आवश्यक अंग हैं, इन्हें करना चाहिए।

(8) सूर्य को प्रसन्न करने के लिए सूर्योदय के समय जब आधा ही सूर्य निकले

तो लाल पुष्प डाल कर सूर्य को नियमित अर्घ्य दें ।

(9) आत्मबल बढ़ाना अभीष्ट हो तथा धन प्राप्ति की विशेष इच्छा हो तो "माणिक्य युक्त" " सूर्ययंत्र" सुवर्ण धातु में पहनें ।

(10) रविवार का व्रत 5 या 11 या 43 बार रखना ।

(11) हरिवंश पुराण की कथा करना या सुनना, सूर्य को मीठा डाल कर अर्घ्य देना ।

(12) कनक, गुड़, तांबा आदि का दान करना ।

(13) चाल-चलन ठीक रखना ।

(14) माणिक्य (लाल) धारण करना, माणिक्य के अभाव में रातड़ी या तांबा धारण करें ।

(15) गुड़ बहते पानी में बहाना ।

(16) घर का दरवाजा पूर्व की ओर रखना ।

(17) घर का आंगन खुला रखना ।

(18) बंदर को गुड़ और चने देना या बंदर की पालना करना ।

(19) भूरी चींटियों को तिरचौली डालना (सूर्यास्त से पहले) ।

(20) उच्च राजकर्मियों की सेवा करना ।

(21) चारपाई के पायों में तांबे की कील गाड़ना ।

(22) ब्लैक मार्किटिंग करने वाले/ स्मगलर या सटोरियों से मित्रता न करना ।

(23) सूर्य उच्च का हो तो सूर्य की चीजों का दान न देना ।

(24) सूर्य नीच का हो तो सूर्य की चीजों का दान न लेना ।

उपरोक्त उपाय 5 या 11 या 43, दिन या सप्ताह या मास लगातार करने चाहिए ।

(25) 11 रविवार दोपहर में केवल दही-भात का सेवन करें ।

(26) रवि के मंत्रों का जाप किसी ब्राह्मण से करावें ।

(27) 11 अथवा 21 रविवार तक कमल के लाल फूलों को गणपति भगवान पर चढ़ावें ।

(28) रविवार को नमक का त्याग करें ।

(29) स्वर्ण-पात्र में जल पीवें । ताम्रपात्र में, रात्रि में गारनेट और केशर डालकर जल भर दें । प्रात: सूर्य को अर्घ्य देकर वहीं पी जावें ।

(30) सूर्य के होरा में निर्जल रहें ।

(31) कुंभ लग्न हो, सप्तमेश सूर्य छठे, आठवें या बारहवें हो, अथवा सूर्य

पापपीड़ित हो तो, अथवा कोई भी जन्म कुंडली में सूर्य सातवें हो तो उसके अशुभ प्रभाव से बचने के लिए विवाह समय में शुद्ध सोने के दो टुकड़े, बराबर वजन के लें, सुवर्ण के अभाव में केसर की पुड़ियां भी ले सकते हैं। तत्पश्चात् संकल्पपूर्वक एक टुकड़ा बहते पानी में छोड़ दें तथा दूसरा टुकड़ा जातक अपने पास रखे। जब तक यह टुकड़ा जातक के पास रहेगा, उसको सूर्य का अशुभ प्रभाव स्पर्श नहीं करेगा तथा जातक सुखी रहेगा।

(32) सूर्य पीड़ा की विशेष शांति हेतु इलायची; साठीचावल, खस, मधु, अमलतास, कमल, कुमकुम, मेनसिल और देवदार मिला कर 7 रविवार तक स्नान करें। अथवा कनेर, दुपहरिया, नागर मोथा, देवदार, मेनसिल, केसर, इलायची, पद्ममाख, महुआ के पुष्प तथा सुगंधवाला इन सबका चूर्ण मिलाकर 7 रविवार तक स्नान करें।

(33) यदि संतान बाधा कारक ग्रह सूर्य है तो यह समझना चाहिए कि भगवान शंकर और गरुड़ के द्रोह करने के कारण या पितरों के शाप के कारण जातक को संतान सुख नहीं है। अतः सूर्य के वेदोक्त मंत्रों के सात हजार जप एवं तत्संबंधित वस्तुओं का दान तथा सूर्य को अर्घ्य देते हुए रविवार का नियमित व्रत रखना चाहिए।

(34) हरिवंश पुराण के अनुसार ऐसे जातक को सिद्धिप्रद देवी की स्थापना करनी चाहिए।

(35) घर में सुवर्ण (बिंदु) युक्त 'श्रीयंत्र' स्थापित करें एवं श्रीसूक्त के पंद्रह मंत्रों का नियमित पाठ करें।

मंगल की शांति के विविध उपाय

(1) मंगलकृत अरिष्ट निवारणार्थ मंगलव्रत सहित मंगल मंत्र का विधिवत् अनुष्ठान करना चाहिए।

(2) समर्थ गुरु के निर्देशन में भैरव (विशेष रूप से आपदुद्धारक बटुक भैरव) मंत्र का प्रयोग पापाक्रांत या नीच राशिस्थ भौम के लिए अमोघ है।

(3) सिंह और धनुराशिस्थ मंगल के लिए कार्तिकेय एवं द्विस्वभाव (3,6,12) राशिस्थ मंगल के लिए चामुंडा की उपासना करनी चाहिए।

(4) संयमी और शुद्ध चरित्र का व्यक्ति हनुमान जी की भी साधना कर सकता है।

(5) मंगल की दशांर्तदशा में आचार्य शंकर कृत सुब्रह्मण्यम् भुजंगस्तोत्र या कार्तिकेय स्तोत्र का पाठ एवं कुमार कार्तिकेय की पूजा लाभदायक रहती है। इसके साथ 11 प्रदोष तिथियों में रुद्राभिषेक करना चाहिए।

(6) शत्रुबाधा अथवा अभिचार पीड़ा में भगवती प्रत्यंगिरा अथवा पीतांबरा के पंचांग का प्रयोग करना चाहिए।

(7) वंश वृद्धि के लिए 'मंगल यंत्र' प्राण प्रतिष्ठित कर उसका विधिवत् जप और पूजन करें।

(8) ऋण और धन नाश की स्थिति में ऋण मोचन अंगारक स्तोत्र एवं बाल्मीकीय रामायण के सुंदर कांड का पाठ लाभदायक रहता है।

(9) कन्याओं के मंगली दोष में श्रीमद्‌भागवत के अठारहवें अध्याय के नवम श्लोक का जप, करना चाहिए।

(10) रक्त पुष्पों से मंगल की पूजा 'तब जनक पाए वशिष्ठ आयसु हंकारि के", इस संपुट के साथ तुलसी रामायण के सुंदर कांड का पाठ, गौरी पूजन सहित अभीष्टप्रद है।

(11) मंगल यंत्र निर्दोष मूंगा सहित धारण करें एवं यथाशक्ति गुड़ का दान भी हितकारी सिद्ध होता है।

(12) सामान्य मंगल पीड़ा बजरंग बाण एवं हनुमान जी के मंदिर में दीपदान से भी दूर होती है।

(13) लक्ष्मी स्तोत्र, देवी कवच, गणपति स्त्रोत अथवा ऋण मोचन मंगल स्तोत्र में से किसी भी एक का नियमित वाचन करें।

(14) 21 मंगलवार, 21 संकष्टीव्रत तथा 21 विनायकी व्रत करें।

(15) ताम्रपात्र में जल पीवें।

(16) मसूर की दाल तथा गुड़ अवश्य ही मंगलवार को ग्रहण करें।

(17) श्रीगणेश जी के नित्य दर्शन करें।

(18) देवी भगवती का पाठन अथवा श्रवण करें।

(19) लाल पुष्पों को जल में प्रवाहित करें।

(20) तुलसीपत्र का भक्षण करें। कालीमिर्च भी खाएं।

(21) तुलसी के पौधे में जल चढ़ावें।

(22) मंगल के होरा में निर्जल रहें।

(23) वृष या तुला लग्न में मंगल छठे, आठवें, बारहवें हो या कुंडली मंगलीक हो तो भावी वैवाहिक जीवन की मंगल कामना के लिए विवाह समय में दो बराबर वजन के मूंगे लें। फिर संकल्पपूर्वक एक मूंगा पानी में बहा दें तथा दूसरा मूंगा अपने पास रखें। जब तक यह मूंगा व्यक्ति के पास रहेगा, उसको मंगल का अशुभ प्रभाव स्पर्श नहीं करेगा तथा उसका वैवाहिक जीवन पूर्णत: सुखी रहेगा।

(24) मंगलवार का नियमित 28 बार रखना। ध्यान रहे बीच में नियम टूटने पर पुन: 28 मंगलवार करने पड़ेंगे। कार्य सिद्ध होने पर मंगल का उद्यापन अनिवार्य है।

(25) महागायत्री का पाठ करना, हनुमान जी को सिंदूर लगाना एवं खुद भी हनुमान जी के पैरों में रखे हुए सिंदूर को लगावें।

(26) दाल मसूर, मूंगा, शहद या सिंदूर आदि का दान देना या जल प्रवाह करना।

(27) खाने के बाद मेहमानों को मीठा (सौंफ-चीनी या मिश्री) खिलाना।

(28) मंगल (अशुभ हो तो) रेवड़ियां (गुड़ + तिल) जल प्रवाह करना।

(29) मंगल (शुभ हो तो) मिठाई-मीठा भोजन का दान या पताशे चलते पानी में बहाना ।

(30) मूंगा (लाल) धारण करना, मूंगे के अभाव में तांबा धारण करें ।

(31) भाई की सेवा करना ।

(32) मृगछाला (हिरण की खाल) पर सोना ।

(33) जौ (अनाज) गऊ पेशाब से धोकर लाल कपड़े में बांध कर रखना ।

(34) लाल वस्त्र धारण करना या लाल रुमाल पास रखना ।

(35) शुद्ध चांदी धारण करना ।

(36) ढेक, काना, काला, गंजा, नि:संतान से दूर रहें ।

(37) मंगल उच्च हो तो उसकी चीजों का दान न देना ।

(38) मंगल नीच या अशुभ हो तो उसकी चीजों का दान न लेना ।

उपरोक्त उपाय 5 या 11 या 43 दिन या सप्ताह या मास लगातार करने चाहिएं ।

(39) मंगल को शक्तिशाली बनाने के लिए "मंगलयंत्र" धारण करें ।

(40) जिसको सुयोग्य जीवन साथी की अभिलाषा हो वे मूंगा जड़ित "मंगलयंत्र" धारण करके, 28 मंगलवार का व्रत रखें निश्चय ही लाभ होगा ।

(41) ऋण निवृत्ति की इच्छा के साथ जिस जातक को धनसंग्रह की कामना हो तो "मंगलयंत्र" में मूंगे के साथ मोती लगावें तो लक्ष्मीदेवी की कृपा हो जाएगी ।

(42) कर्जा अधिक बढ़ गया है, उतर नहीं रहा हो तो "ऋणमोचन" मंगल स्तोत्र का नियमित पाठ करें ।

(43) मंगल पीड़ा की विशेष शांति हेतु बेलफल, जटामांसी, मूसली, बकुलचंदन, बला, लाख पुष्प एवं हिंगलू मिला कर 8 मंगलवार तक स्नान करें ।

(44) यदि संतान प्रतिबंधक ग्रह मंगल हो तो ग्रामदेवता, भगवान कार्तिक स्वामी, शत्रु अथवा भाई-कुटंबीजनों के शाप के कारण जातक को संतान सुख नहीं होता । ऐसे में मंगल के वेदोक्त मंत्रों का दस हजार बार जप करना चाहिए । मंगल संबंधी वस्तुओं का दान करते हुए, मंगलवार का नियमित व्रत रखना चाहिए ।

(45) हरिवंश पुराण के अनुसार ऐसे जातक को महारुद्र या अतिरुद्र यज्ञ कराना चाहिए ।

बुध की शांति के विविध उपाय

(1) अनिष्ट बुध की शांति का सर्वोत्तम उपाय बुध मंत्र के अनुष्ठान सहित नित्य विष्णुसहस्त्र नाम का पाठ है ।

(2) पुरुष सूक्त के द्वारा भगवान विष्णु की षोडशोपचार पूजा भी कर ली जाए, तो बुधकृत समस्त अरिष्ट निश्चित रूप से शांत होते हैं। संतान कष्ट, गर्भदोष, वाणी एवं मानसिक कष्ट दूर हो जाते हैं तथा सुख शांति की वृद्धि होती है ।

(3) नित्य शालिग्राम पूजन करके तुलसी पत्र का सेवन करें तथा मंत्र जाप कर लें । चमत्कारिक लाभ होगा ।

(4) व्यापारिक अड़चनों एवं संतान कष्ट में गोपालसहस्त्रनाम एवं कृष्ण पूजा भी अमोघ है ।

(5) कलह, शत्रुता, हानि बाधाओं आदि से त्रस्त, मानसिक रूप से बहुत आकुल व्यक्ति यदि अधिक न कर सकें तो श्रीमद्भागवत ग.जेंद्र मोक्ष या रामरक्षा स्तोत्र के पाठ से ही पर्याप्त लाभ उठा सकते हैं ।

(6) शत्रुबाधा एवं अभिचार कर्मों के शमन के लिए प्रत्यंगिरा जप तथा हवन अमोघ हैं ।

(7) शारीरिक व्याधियों के लिए महाधन्वतीर मंत्र अथवा मृत्युंजय प्रयोग प्रशस्त है ।

(8) शिक्षा में बाधा एवं वाणी दोष के लिए वैदिक मार्ग प्रेमी ऋग्वेदीय सारस्वत मंत्र एवं तंत्र प्रेमी नील सरस्वती मंत्र एवं स्तोत्र का अनुष्ठान करें, कल्याण

होगा ।

(9) बुद्धिस्थान को मज़बूत करने हेतु, धन प्राप्ति हेतु पन्नायुक्त "बुधयंत्र" धारण करें ।

(10) बुधवार को इलायची एवं तुलसी पत्र का भक्षण करें तथा एक हरी इलायची जल में प्रवाहित करें ।

(11) 1 रत्ती स्वर्ण का दान करें (बुधवार के दिन)

(12) 11 एकादशी तथा 11 बुधवार को व्रत रखें ।

(13) 11 बुधवार तक मुट्ठीभर मूंग भिखारियों को दान करें ।

(14) ब्राह्मणों को प्रति बुधवार दुग्ध का दान करें ।

(15) बुध अथवा पांडुरंग स्तोत्र का पाठन करें ।

(16) गणपतिजी के दर्शन करें ।

(17) बुध के होरा में निर्जल रहें ।

(18) धनु या मीन लग्न में बुध छठे, आठवें या बारहवें हो तो बुध के अशुभ प्रभाव से बचने के लिए, विवाह समय में दो बराबर वजन के पन्ने एवं मूंगे के दाने लें । विवाह समय में संकल्पपूर्वक एक हिस्सा बहते पानी में छोड़ दें तथा दूसरा हिस्सा अपने पास रखें । जब तक वह हिस्सा जातक के पास रहेगा । उसका बुध के अशुभ प्रभाव से बचाव होता रहेगा तथा उसका वैवाहिक जीवन सुखी रहेगा ।

(19) बुधवार का व्रत 5 या 11 या 43 बार करना ।

(20) दुर्गा पाठ करना, कन्याओं का (दान-दक्षिणा देकर) आशीर्वाद लेने या दुर्गा तीर्थों की यात्रा करना ।

(21) मूंग साबत, हरी चीजें दान देना या जल प्रवाह करना ।

(22) रेडियो, घड़ियां, टेलीविजन, गाने बजाने के यंत्र ठीक रखना ।

(23) तांबे के पैसे में सुराख करके चलते पानी में बहाना ।

(24) पन्ना धारण करना, पन्ने के अभाव में कली (धातु) धारण करें ।

(25) बकरी, तोते की सेवा करना ।

(26) हरा रंग निषेध (तुलसी, मणी पलांट) 96 घंटानाक छेदन ।

(27) लड़की-बहन-बुआ, साली की सेवा करना और आशीर्वाद लेना ।

(28) तड़ागी या बैल्ट बांधना ।

(29) कौड़ियों को जला कर चलते पानी में बहाना ।

(30) हीजड़ों को हरी चूड़ियां, हरे रंग के कपड़े आदि देना ।

(31) भभूती-ताबीज, साधुओं की तस्वीर, धार्मिक ग्रंथ बंद करके न रखना ।

(32) बुध उच्च हो तो बुध की चीजों का दान न देना ।

(33) बुध नीच हो तो बुध की चीजों का दान न लेना ।

उपरोक्त उपाय 5 या 11 या 43 दिन या सप्ताह या माह लगातार करने चाहिए ।

(34) बुध पीड़ा की विशेष शांति हेतु चावल, शहद, सफेद सरसों, गोबर, गोरोचन एवं नवारी मल्वल मिला कर 7 बुधवार तक स्नान करें ।

(35) बुध पीड़ा की विशेष शांति हेतु हरड़े, गोमय, अक्षत, गोरोचन, स्वर्ण, आंवला और मधु मिला कर 7 बुधवार तक स्नान करें ।

(36) यदि संतान अवरोधक ग्रह बुध है तो समझिए कि बिल्ली को मारने के कारण या मछलियों तथा अन्य प्राणियों के अंडों को नष्ट करने के कारण, कम उम्र के बालक-बालिकाओं (झडोलिए) के शाप से, भगवान विष्णु के अनादर के कारण संतान नहीं हो रही है ऐसे में जातक को बुध के वेदोक्त मंत्र के चार हजार जप करने चाहिए । बुध संबंधी वस्तुओं का दान करते हुए, बुधवार का नियमित व्रत रखना चाहिए ।

(37) हरिवंश पुराण के अनुसार ऐसे जातक को महाविष्णु या अतिविष्णु यज्ञ कर कास्यपात्र दूध में देना चाहिए ।

बृहस्पति की शांति के विविध उपाय

(1) गुरु के कारण उत्पन्न समस्त अरिष्टों के शमन के लिए रुद्राष्टाध्यायी एवं शिवसहस्त्र नाम का पाठ अथवा नित्य रुद्राभिषेक करना अमोघ है ।

(2) वैदिक या तांत्रिक गुरु मंत्र का जप तथा कवच एवं स्तोत्र पाठ अथवा भगवान दत्तात्रेय के तांत्रिक मंत्र का अनुष्ठान भी लाभप्रद है ।

(3) सौभाग्यवश जो लोग किसी समर्थ गुरुदेव की चरण-शरण में हैं, वे नित्य गुरुपूजन एवं गुरुध्यान करने से समस्त भौतिक एवं अभौतिक तापों से निवृत्त हो जाते हैं ।

(4) प्रश्नमार्ग के अनुसार गुरु महाविष्णु का प्रतिनिधित्व करता है अत: कम-से-कम पुरुष सूक्त का जप और हवन अथवा सुदर्शन होम भी कल्याणकारी है ।

(5) अधिक न कर सकें, तो मासिक सत्य नारायण व्रत कथा एवं गुरुवार तथा एकादशी का व्रत ही कर लें ।

(6) राहु मंगल आदि क्रूर एवं पाप ग्रहों से दूषित गुरु कृत संतान बाधा योग में शतचंडी अथवा हरिवंश पुराण एवं संतान गोपाल मंत्र का अनुष्ठान करें ।

(7) ब्राह्मण एवं देवता के सम्मान, सदाचरण, फलदार वृक्ष लगवाने एवं फलों के दान (विशेषकर केला , नारंगी आदि पीले फल) से बृहस्पति देव प्रसन्न होते हैं ।

(8) पंचम भाव स्थित शनि गुरु के अरिष्ट शमनार्थ 40 दिन तक वट वृक्ष की 108 प्रदक्षिणा करना बहुत हितकारी होता है ।

(9) जिन स्त्रियों के विवाह में गुरु कृत बाधा से विलंब सूचित हो, उन्हें उत्तम पुखराज धारण करना चाहिए तथा केला या पीपल वृक्ष का पूजन करना चाहिए।

(10) गुरु को बलवान करने एवं धनप्राप्ति हेतु पुखराज युक्त "गुरुयंत्र" धारण करें।

(11) चमेली के पुष्प (9 अथवा 12) लेकर उन्हें जल में प्रवाहित करें।

(12) पीले कनेर के पुष्प गुरु प्रतिमा पर चढ़ाएं।

(13) 13 अथवा 21 गुरुवार व्रत रखें।

(14) गुरुलीलामृत का पाठन अथवा श्रवण करें।

(15) दत्त भगवान का विधिवत् पूजन करें।

(16) कुछ स्वर्ण का दान करें—सिर्फ गुरुवार के दिन ही।

(17) स्वर्ण जल का पान करें। "स्वर्ण-जल" से तात्पर्य ऐसे जल से है जिसमें स्वर्ण को डुबोया गया हो।

(18) पीत-वस्त्रों का दान किसी सौभाग्यवती को देवें।

(19) "स्वर्ण-जल" से स्नान करें।

(20) गुरु के होरा में निर्जल रहें।

(21) मिथुन या कन्या लग्न में बृहस्पति छठे, आठवें या बारहवें स्थान में हो तो बृहस्पति के अशुभ प्रभाव से बचने के लिए शुद्ध सोने के दो टुकड़े या पुखराज रत्न बराबर वजन के लें। विवाह समय एक टुकड़ा संकल्पपूर्वक नदी में बहा दें तथा दूसरा अपने पास रखें। जब तक दूसरा टुकड़ा जातक के पास रहेगा उसको बृहस्पति का कुप्रभाव स्पर्श नहीं कर पाएगा तथा उसका वैवाहिक जीवन सुखमय रहेगा।

(22) बृहस्पतिवार का व्रत 5 या 11 या 43 बार रखना।

(23) हरि पूजन करना या पीपल का पालन करना।

(24) श्रीविष्णु भगवान् को नमस्कार करना।

(25) पुखराज पहनना, पुखराज के अभाव में हल्दी की गट्टी पीले रंग के धागे में बांध कर दायीं भुजा पर बांधना।

(26) चांदी की कटोरी में केसर/हल्दी का तिलक करना।

(27) शुद्ध सोना धारण करना (बृहस्पति षष्ठ भाव को छोड़कर)।

(28) नाभि (धुन्नी) पर केसर लगाना या केसर खाना।

(29) ब्राह्मण, कुल पुरोहित या साधु की सेवा करना।

(30) गरुड़ पूजा (गरुड़ पुराण) का पाठ करना ।

(31) घर की दीवारों पर पीला रंग करना ।

(32) पीले फूल (गेंदा या सूरजमुखी) लगाना ।

(33) बृहस्पति उच्च का हो तो बृहस्पति की चीजों का दान न देना ।

(34) बृहस्पति नीच का हो तो बृहस्पति की चीजों का दान न लेना ।

उपरोक्त उपाय 5 या 11 या 43, दिन या सप्ताह या मास लगातार करने चाहिएं ।

(35) बृहस्पति पीड़ा की विशेष शांति हेतु सफेद सरसों, दमयंती के पत्र, मुलैठी और मालती के पुष्प मिला कर 9 बृहस्पतिवार तक नियमित स्नान करें ।

(36) बृहस्पति पीड़ा की विशेष शांति हेतु कोई तीन जाति के श्वेत पुष्प श्री गुरुदेव एवं इष्ट का ध्यान करते हुए 9 बृहस्पतिवार तक नियमित स्नान करें ।

(37) यदि बृहस्पति बिगड़ा हुआ है तो ऐसे व्यक्ति ने इस जन्म या पूर्व जन्म में फलदार वृक्षों को कटाया है । कुलगुरु, कुल देवता या किसी आदरणीय व्यक्ति का अपमान किया है जिसके कारण जातक को संतान सुख नहीं होता । ऐसे में जातक को गुरु के वैदिक मंत्रों का 19,000 बार जप करने चाहिए । गुरु संबंधी वस्तुओं का दान करते हुए, वृद्ध लोगों का आदर करते हुए गुरु की सेवा करें एवं गुरुवार का नियमित व्रत करें ।

(38) हरिवंश पुराण के अनुसार पितरों की तिथि, श्राद्ध यज्ञ करना चाहिए ।

शुक्र की शांति के विविध उपाय

(1) शुक्र शांति का सर्वोत्तम उपाय दुर्गा सप्तशती का विधिवत् पारायण है। मारकेश होने पर शतचंडी अनुष्ठान अवश्य कराना चाहिए। इससे शुक्र कृत समस्त अरिष्ट निश्चित रूप से दूर हो जाते हैं।

(2) शुक्र मंत्र का जप, स्तोत्र, कवच या शतनाम के सहित करके, सौंदर्य लहरी (आचार्य शंकर कृत)का कम-से-कम एक श्लोक पढना चाहिए।

(3) लक्ष्मीनारायण हृदय का पाठ भी बहुत लाभदायक है। (शाक्तप्रमोद नामक ग्रंथ में इसे देख लें)।

(4) शुक्र के कारण उत्पन्न सामान्य व्याधि की अवस्था में इंद्राक्षी कवच करना चाहिए। धन हानि में कनकधारा या अन्नपूर्णा स्तोत्र अथवा धनदा यक्षिणी का प्रयोग करें।

(5) विलंब विवाह में मोहनी कवच या कामदेव मंत्र का जप कल्याणकारी होता है।

(6) भगवती कमला (दश महा विद्याओं से एक) की आराधना भी शुक्रजन्य समस्त पीड़ाओं में अमोघ है।

(7) श्रीसूक्त, लक्ष्मी सूक्त और कवच अथवा भाग्यलक्ष्मी मंत्र का जप भी बहुत लाभकारक है।

(8) इनमें से किसी भी एक साधन के साथ श्वेत महिषीदान, सुमंगली स्त्रियों को सम्मान सहित मिष्ठन्न एवं श्वेत-रेशमी वस्त्रों को चांदी के आभूषणों सहित दान करना, स्वयं भी श्वेत वस्त्र एवं इत्रादि सुगंधित पदार्थों का उपयोग

करना चमत्कारिक लाभ दे सकता है ।

(9) पत्नी सुख एवं चारों तरफ वर्चस्व बढ़ाने के लिए, धन एवं व्यापार की वृद्धि हेतु जरिकन युक्त "शुक्रयंत्र" धारण करें ।

(10) स्वर्ण अथवा रजत का दान करें ।

(11) सफेद गुलाब के पुष्पों को कूप अथवा नदी में प्रवाहित करें ।

(12) 21 शुक्रवार तक श्वेत वस्तुओं का दान करें ।

(13) प्रत्येक शुक्रवार घी-तिल-जौ आदि से यज्ञ करें ।

(14) "ॐ नमः" का जप करें ।

(15) "श्री सूक्त" का पठन करें ।

(16) उड़द एवं घृत का सेवन करें ।

(17) शुक्र की होरा में निर्जल रहें ।

(18) मेष या वृश्चिक लग्न में शुक्र छठे, आठवें या बारहवें स्थान में हो अथवा शुक्र पापपीड़ित व अशुभ हो तो उसके अशुभ प्रभाव से बचने के लिए विवाह काल में दो सीप के टुकड़े या जरिकन शुक्र के यंत्र से अभियंत्रित करें तथा विवाह समय में एक टुकड़ा संकल्पपूर्वक बहते पानी में छोड़ दें । दूसरा टुकड़ा अपने पास रखें जब तक यह टुकड़ा व्यक्ति के पास रहेगा उसका वैवाहिक जीवन सुखमय एवं ऐश्वर्यपूर्ण रहेगा ।

(19) शुक्रवार का व्रत 5 या 11 या 43 बार करना ।

(20) आम लोगों की सेवा करना (सप्ताह या माह में मेहमानों को भोजन कराना) ।

(21) घी, दही, कपूर, अधरक आदि का दान करना या जलप्रवाह करना ।

(22) गाय बछड़े वाली का दान या सेवा करना (अंगहीन न हो) ।

(23) हीरा पहनना, हीरे के अभाव में सुच्चा मोती पहनना ।

(24) गाय का दान, चरी (ज्वार) का दान करना ।

(25) स्त्री का कहना मानना, स्त्री की सेवा करना या स्त्री से झगड़ा न करना ।

(26) इत्तर या सैंट कपड़ों पर लगाना, क्रीम-पॉउडर शरीर पर लगाना ।

(27) पोशाक ठीक रखना और दिन में 1-2 बार बदलना ।

(28) स्त्री से दो बार विवाह करना ।

(29) पोशाक फटी हुई या जली हुई धारण न करना ।

(30) शुक्र उच्च का हो तो शुक्र की चीजों का दान न देना ।

(31) शुक्र नीच का हो तो शुक्र की चीजों का दान न लेना।

उपरोक्त उपाय 5 या 11 या 43 दिन या सप्ताह या माह लगातार करने चाहिए।

(32) शुक्र पीड़ा की विशेष शांति हेतु झिंझरीटा, मैनसिल, कुमकुम और कटहल मिला कर 7 शुक्रवार तक स्नान करें।

(33) शुक्र पीड़ा की विशेष शांति हेतु हरड़, इलायची, बहेड़ा, आंवला, केशर और मेनसिल मिला कर 7 शुक्रवार तक स्नान करें।

(34) यदि शुक्र के कारण संतान नहीं हो रही है तो समझिए इस व्यक्ति ने पुष्पों के वृक्षों को कटवाया है। गौ के प्रति पाप किया। साध्वी स्त्री का शाप, गर्भपात बलात्कार का दोष, या यक्षिणी का शाप है। ऐसे में शुक्र के वेदोक्त मंत्रों का सोलह हजार जप कराना चाहिए। शुक्र की वस्तुओं के दान करते हुए, शुक्रवार का नियमित व्रत रखना चाहिए।

(35) हरिवंश पुराण के अनुसार गौ के पालन व दान में पुत्र लाभ होगा।

शनि की शांति के विविध उपाय

(1) शनि प्रभाव से, घनघोर दु:खों से पीड़ित व्यक्ति के लिए सबसे सरल उपाए है भगवान शंकर या हनुमान जी का मनोयोगपूर्वक भजन। आशुतोष को रूद्राभिषेक सबसे प्रिय है और पवनपुत्र को वाल्मीकि या तुलसीकृत सुंदर कांड का पाठ शीघ्र प्रसन्न करता है।

(2) शनि के वैदिक या तांत्रक मंत्र सहित दशरथ कृत शनैश्चर स्तोत्र का पाठ भी शनिकृत समस्त अरिष्टों को दूर करता है।

(3) भैरव उपासना और मंत्र जप भी अतिशीघ्र यथेष्ट कल्याणप्रद सिद्ध होता है।

(4) जन्मांग में पंचम या नवम भाव से किसी भी प्रकार संबंधित शनि की स्थिति से, किसी समर्थ गुरु के निर्देशन में किया गया भगवती काली का आराधन चारों पुरुषार्थों का साधन बन सकता है।

(5) शनि व्रत के सहित भगवान शंकर पर नित्य दूध या तिल तो चढ़ाना ही चाहिए।

(6) रात्रि में शिव, हनुमान मंदिर एवं पीपल वृक्ष के नीचे तिल या सरसों के तेल का दीपक भी जलाना चाहिए।

(7) काले वस्त्रों एवं तिलान्न का यथा संभव दान एवं उपयोग करना चाहिए।

(8) शारीरिक व्याधि निवारणार्थ लघुमृत्युंजय का जप एवं हवन कर लिया जाए। गोचर में अनिष्ट शनि के शमन के लिए श्रीमद्‌भागवत के नल चरित्र

का पाठ बहुत लाभप्रद है ।

(9) इसके अतिरिक्त तेल मालिश, सुरमा लगाना तथा नित्य गुग्ल की धूप देना बहुत लाभप्रद है ।

(10) शनि को बलवान करने हेतु एवं धनवृद्धि के लिए, नीलमयुक्त "शनियंत्र" धारण करें ।

(11) युकेलिप्टस वृक्ष के पत्ते को अपने पास शनिवार के दिन रखें ।

(12) कपूर को खोपरे के तेल में मिलाकर सिर में लगावें ।

(13) शनिमंदिर के दर्शन करें (संध्या समय) ।

(14) शनि स्तुति का वाचन अथवा श्रवण करें ।

(15) काले उड़द जल में प्रवाहित करें ।

(16) शनि को तेल अर्पण करें ।

(17) काले उड़द का दान भी करें । एक मुट्ठी भिखारियों को ही दे ।

(18) स्टील अथवा लोहे के पात्र में जल भोजनादि ग्रहण करें ।

(19) शनि के होरा में निर्जल रहें ।

(20) उड़द के पापड़ खावें ।

(21) कर्क या सिंह लग्न हो, शनि छठे, आठवें या बारहवें स्थान में हो अथवा जन्म कुंडली में शनि 1/4/7/8/12वें स्थान में हो तो शनि के अशुभ प्रभाव से बचने के लिए दो बराबर वजन के नीलम या स्टील के टुकड़े, सुरमे की डली या काला नमक लें । उन्हें शनि यंत्र से अभियंत्रित करें तथा विवाह काल में एक हिस्सा सूर्यास्त के समय पानी में बहावें तथा दूसरा हिस्सा अपने पास रखें तो व्यक्ति शनि के कुप्रभाव से बचा हुआ रहेगा तथा उसका गृहस्थ जीवन सुखमय रहेगा ।

(22) शनिवार का व्रत 5 या 11 या 43 बार करना ।

(23) राजा की सेवा या उसका हुक्म मानना, भैरव की स्तुति या भैरों के मंदिर में दूध देना ।

(24) मांस (उड़द) लोहे या चमड़े (बैल्ट, पर्स, जूता) का सामान (तवा, चिमटा) आदि दान देना या जल प्रवाह करना ।

(25) काली भैंस का पालन करना, सांप को दूध पिलाना ।

(26) तेल या शराब का दान करना या झूठ न बोलना ।

(27) शराब न पीना, मांस और मछली न खाना ।

(28) राहु की स्थिति देख कर नीलम धारण करना । नीलम के अभाव में किश्ती के कील का छल्ला या घोड़े की नाल (खुर्री) का छल्ला धारण करना ।

(29) ताया-चाचा की सेवा करना और उनका आशीर्वाद लेना ।

(30) काले कीड़ों को तिरचौली (सूर्यास्त के बाद) डालना ।

(31) रोटी पर सरसों का तेल लगा कर कुत्ते और कौवे को देना ।

(32) मज़दूर की मेहनत (पैसा, रुपया) न रखना ।

(33) शनि नीच हो तो शनि की चीजों का दान न लेना ।

(34) शनि उच्च हो तो शनि की चीजों का दान न देना । उपरोक्त उपाय 5 या 11 या 43, दिन या सप्ताह या माह लगातार करने चाहिएँ ।

(35) शनि खराब हो तो व्यक्ति को अकेले एकांत में न बैठने दें ।

(36) शनि खराब हो तो व्यक्ति को अंधेरे कमरे में न बैठने दें ।

(37) शनि खराब हो तो व्यक्ति को बुरी सौबत से बचाएं ।

(38) शनि खराब हो तो व्यक्ति को शराब न पीने दें तथा जहां तक हो सके झूठ बोलने से बचावें ।

उपरोक्त उपाय 5 या 11 या 43, दिन या सप्ताह या मास लगातार करने चाहिए ।

(39) शनि पीड़ा की विशेष शांति हेतु बलाजन, शतपुष्पी, लोध एवं काले तिल मिला कर 10 शनिवार तक स्नान करें ।

(40) शनि पीड़ा की विशेष शांति हेतु सौंफ, काले तिल, सुरमा, नागर मोथा और लोध मिलाकर 10 शनिवार तक स्नान करें ।

(41) यदि शनि बिगड़ा हुआ हो तो ऐसा समझिए कि जातक ने पीपल के वृक्ष कटवाए, मरते वक्त किसी की आत्मा को दुःखाया, निर्धन गरीब की हाय, पिशाच, प्रेत व मृतआत्मा के दोष से जातक को संतान का सुख नहीं है । ऐसे में शनि के वेदोक्त मंत्रों का तैंतीस हजार जप करना चाहिए । शनि संबंधी वस्तुओं का दान करना चाहिए एवं कीडि-नगरा सींचते हुए शनिवार का नियमित व्रत रखना चाहिए ।

(42) हरिवंश पुराण के अनुसार महामृत्युंजप का जप व हवन संकल्पपूर्वक करना चाहिए ।

राहु की शांति के विविध उपाय

(1) सिंहिकापुत्र राहु के समस्त अरिष्टों के शमनार्थ असुरमर्दिनी भगवती दुर्गा की सविधि उपासना और दुर्गासप्तशती का पाठ अमोघ माना गया है। विशेष कष्टकारक स्थिति में शतचंडी अनुष्ठान और हवन करना चाहिए।

(2) राहु पीड़ा नाग श्राप से भी संबंधित रहती है, अतः नागदेव की मूर्ति बनवाकर उसकी विधिवत् पूजा करके, दान करना चाहिए।

(3) राहु मंत्र का जप-हवन और भार्गव ऋषि प्रणीत लक्ष्मी-हृदय का पाठ करें, साथ ही शनि का व्रत करें, क्योंकि "शनिवट् राहु" प्रसिद्ध ही है।

(4) औषधि स्नान एवं गूगल की नित्य धूप देना भी लाभप्रद है।

(5) सुयोग्य आचार्य से प्राप्त छिन्नमस्ता मां का मंत्र भी चमत्कारिक फल कर सकता है।

(6) यह बटुक भैरव प्रयोग भी लाभकारक रहेगा।

(7) द्वादशभावस्थ शनि राहु के कुयोग से खोई हुई वस्तुएं या हानि के लिए कार्तवीर्यार्जुन मंत्र का प्रयोग अभीष्टप्रद रहता है।

(8) राहुकृत प्रेत बाधा या अभिचार सुरक्षा के लिए प्रत्यंगिरा मंत्र अथवा नृसिंह कवच का प्रयोग करें।

(9) उत्तम गोमेद और राहु यंत्र धारण भी लाभप्रद रहेगा।

(10) नित्य देवी पूजन और यथाशक्ति काले पदार्थों का दान करते रहना चाहिए।

(11) राहु को प्रसन्न करने हेतु गोमेदयुक्त "राहुयंत्र" धारण करें ।

(12) "नवनाथ" के 13 परायण करें ।

(13) शिवजी पर बिल-पत्र चढ़ावें ।

(14) श्रावण में प्रति सोमवार लघुरुद्र पाठ करें ।

(15) शिव मंदिर के नियमित दर्शन करें ।

(16) नागपंचमी को ताम्र अथवा रजत का नाग बनवाकर उसे पूजा स्थान पर स्थापित कर उसकी नियमित हल्दी, कुंकुम, नैवेद्य आदि से पूजन करें । कार्य हो जाने पर उन्हें ठंडा कर दें ।

(17) शनि की होरा में निर्जल रहें ।

(18) धत्तूरे के पुष्प शिवजी पर चढ़ावें ।

(19) लोहे के पात्र में जलादि ग्रहण करें ।

(20) (1) जन्म कुंडली में राहु यदि 1/4/6/7/8/12 वें भाव में हो, राहु अशुभ हो तो उसके कुप्रभाव से बचने के लिए दो बराबर वजन के गोमेद लें । उन्हें राहु मंत्र से पूरित करके विवाह समय, सूर्यास्त काल को बहते पानी में छोड़ दें । एक हिस्सा अपने पास रखें । जब तक वह हिस्सा व्यक्ति के पास रहेगा वह राहु के अशुभ प्रभाव से बचा रहेगा ।

(2) राहु यदि अशुभ हो भूलकर भी गलती से नीलम की अंगूठी, नीला या काला वस्त्र न पहनें । अन्यथा धन का भारी नुकसान, तलाक, दुर्घटना या मृत्यु जैसी घटना अचानक घटित हो सकती है ।

(21) दहेज में बिजली का सामान, नीले रंग के कपड़े, स्टील के बर्तन न लेना ।

(22) कन्यादान करना (बहन/ लड़की के विवाह में या वैसे ही किसी स्वासिनी के विवाह में) ।

(23) सरसों, नीलम, तंबाकू दान देना ।

(24) स्टील के बर्तन या नीले कपड़े (बिना इस्तेमाल किए) बंद न रखना ।

(25) मूली (सब्जी) का दान करना, कच्चे कोयले जल प्रवाह करना या (जौ अनाज) का तुला दान करना ।

(26) गोमेदक धारण करना । गोमेदक के अभाव में सिक्का धारण करना ।

(27) झूठी गवाही न देना, गबन न करना, ससुराल से अच्छे संबंध रखना ।

(28) परिवार से अलग न रहना या परिवार में मुखिया न बनना ।

(29) पक्षियों को सत नाज (सतधान) डालना (सूर्योदय के बाद) डालना ।

(30) तंबाकू का इस्तेमाल न करना ।

(31) घर में या आंगन में धुआं (गोबर, लकड़ी आदि) न जलाना ।

(32) रसोई में धुआंदानी (चिमनी) न रखना ।

(33) झूठी गवाही न देना या झूठ न बोलना ।

(34) राहु उच्च का हो तो राहु की चीजों का दान न देना ।

(35) राहु नीच का हो तो राहु की चीजों का दान न लेना ।

उपरोक्त उपाय 5 या 11 या 43, दिन या सप्ताह या मास लगातार करने चाहिए ।

(36) राहु पीड़ा की विशेष शांति हेतु बला, कूठ, लाजा, मूसली, नागर मोथा, सरसों, देवदार, हल्दी, लोध एवं सरपंख मिला कर 8 मंगलवार तक स्नान करें ।

(37) यदि राहु के कारण संतान बाधा हो रही है तो सर्प के शाप के कारण ही ऐसा हुआ है । ऐसे में जातक को राहु के वेदोक्त मंत्रों के अठारह हजार जाप करते हुए घर में नागपाश यंत्र का नित्य पूजन करना चाहिए। सर्दी में जरूरत मन्द लोगों को काले, भूरे कंबल का दान करना चाहिए एवं बुधवार का व्रत रखना चाहिए ।

(38) हरिवंश पुराण के अनुसार ऐसे जातक को पराई कन्या का दान संकल्पपूर्वक करना चाहिए तब पुत्र लाभ होता है ।

केतु की शांति के विविध उपाय

(1) केतु के अशुभ प्रभाव के शमन में गणपति उपासना सर्वोपरी मानी जाती है । उनके अथर्वशीर्ष और किसी भी मंत्र के अनुष्ठान से लाभ उठाया जा सकता है ।

(2) जिस जन्मांग में काल सर्पयोग की दुर्भाग्यकारक स्थिति हो, उन्हें एक वर्ष नियमित संकट चतुर्थी के व्रत सहित, गणपति मंत्र और अथर्वशीर्ष का जप तथा यथाशक्ति हवन करना ही चाहिए ।

(3) अशुभ भाव में स्थित केतु के लिए गणपति सहस्रनाम सहित गणेश पूजा करें और दूर्वा से उनका अभिषेक करें (जल चढ़ाएँ) ।

(4) केतु के कुयोग से यदि राज योग भंग हो रहा हो, दरिद्रता और दुर्भाग्य की प्रखर प्रबलता हो "उच्चिष्ट गणपति" प्रयोग चमत्कारिक प्रभाव उत्पन्न कर सकता है ।

(5) केतु के वैदिक या तांत्रिक मंत्र का जाप करें ।

(6) देवी और गणेश मंदिर में नित्य अर्चना करें और दीन-मलीन भिखारियों को यथाशक्ति दान तथा मछलियों तथा चींटियों को चीनी मिश्रित आटा खिलाएं ।

(7) पीपल वृक्ष की प्रदक्षिणा और नाग प्रतिष्ठा भी बहुत हितकर है ।

(8) जिन महिलाओं का सप्तम या अष्टम भाव केतु से आक्रांत हो, उन्हें यह अवश्य ही करना चाहिए ।

(9) नीम का एक वृक्ष अपने हाथ से लगाना चाहिए।

(10) केतु द्वादश नाम का नित्य पाठ करते रहना चाहिए।

(11) केतु कृत शारीरिक पीड़ा में (विशेषकर टी० वी० के कारण जीर्ण स्वर में) बकरे के मूत्र से स्नान कराना और लोबान की धूप देना बहुत लाभप्रद रहता है।

(12) राहु-केतु के दोष निवृति हेतु सर्पाकृति चांदी की अंगूठी धारण करना।

(13) हाथी दांत से बनी वस्तुओं का व्यवहार या स्नान के जल में उसे डालकर स्नान करना भी अरिष्ट निवारक होता है।

(14) भगवती छिन्नमस्ता चंडी उपासना आत्मकामी जनों के लिए अभीष्टप्रद है, परंतु इन्हें सद्गुरु शरण से ही प्राप्त करना चाहिए।

(15) केतु को प्रसन्न करने हेतु लहसुनिया युक्त "केतुयंत्र" गले में धारण करें।

(16) केतु यदि बृहस्पति, सूर्य या मंगल से युत या दृष्ट हो तो "टाइगर-आई" रत्न से युक्त "केतुयंत्र" धारण करें।

(17) गुरुपूर्णिमा, गुरुद्वादशी, गुरुपंचमी (दत्तपंचमी) एवं गुरुप्रतिपदा को दत्तप्रतिमा पर अभिषेक करें।

(18) गुरुवार को यथाशक्ति ब्राह्मणों को दान देवें।

(19) ज्योर्तिलिंग पर नागबली देवें।

(20) दत्त चरित्र के 11 परायण करें।

(21) लोहे के पात्र में जलादि ग्रहण करें।

(22) शनि एवं गुरु के होरा में निर्जल रहें।

(23) जन्म कुंडली में केतु यदि 1/4/6/7/8/12 वें स्थान में हो, अशुभ फल दे रहा हो तो उसके कुप्रभाव से बचने के लिए दो बराबर वजन के लहसुनिया या हौलदरी लें । उसके केतु के मंत्र से पूरित करें। विवाह काल में सूर्यास्त के समय एक टुकड़ा नदी में छोड़ दें। दूसरा हिस्सा अपने पास रखें। जब तक दूसरा लहसुनिया व्यक्ति के पास रहेगा। वह सुखी एवं प्रसन्न रहेगा तथा केतु ग्रह के कुप्रभाव से बचा रहेगा।

(24) दहेज में चारपाई या चारपाइयां (पलंग) और सोने की अंगूठी जरूर लेना।

(25) कपिला गाय का दान देना या सेवा करना, गौशाला में चारा आदि देना।

(26) तिल, नींबू, केला आदि दान देना या जल प्रवाह करना

(27) नवार-सुतड़ी (चारपाई बुनाने के लिए) पड़ी हो तो चारपाई बुनवा लें या घर से निकाल देना।

(28) कुत्ते (काले-सफेद) को भोजन का हिस्सा देना या कुत्ता (काला-सफेद) पालना ।

(29) पत्थर दो रंगा होलदरी पहनना दो रंगे पत्थर के अभाव में अनेक रंगा हकीक पहनें ।

(30) चाल-चलन ठीक रखना ।

(31) लड़कों (9 वर्ष से छोटे) की सेवा करना ।

(32) खटाई वाली चीजें नींबू, इमली या गोल गप्पे (लड़कियों को) खिलाना ।

(33) काला-सफेद कंबल का धर्म स्थान में संकल्प दान देना या श्मशान में दबाना ।

(34) काले और सफेद तिल जल में प्रवाहित करना ।

(35) नपुंसकता के समय सोने का कुश्ता, चांदी का कुश्ता, फौलाद का कुश्ता, वगं भस्म, मछली का तेल या तिला (तेल) बाजीकरण औषधियों का प्रयोग करना ।

(36) केतु उच्च का हो तो केतु की चीजों का दान न देना ।

(37) केतु नीच का हो तो केतु की चीजों का दान न लेना ।

उपरोक्त उपाय 5 या 11 या 43, दिन या सप्ताह या माह लगातार करने चाहिये ।

(38) केतु पीड़ा की विशेष शांति हेतु बला, कूठ, लाजा, मूसली, नागर मोथा, सरसों, देवदार, हल्दी, लोथ एवं सरपंख मिला कर 8 मंगलवार तक स्नान करें ।

(39) यदि केतु के कारण संतान बाधा है तो ऐसे में ब्राह्मण का शाप, अंपमान के कारण ऐसा हुआ है । ऐसे में जातक को केतु के वेदोक्त मंत्रों के सत्रह हजार जप करने चाहिए । ब्राह्मणों को सम्मान देकर प्रीतिपूर्वक ब्रह्मभोज करा उन्हें संतुष्ट करें, वस्त्र + उपवस्त्र एवं दक्षिणा देनी चाहिए । इससे केतु का दोष नष्ट हो जाता है ।

(40) हरिवंश पुराण के अनुसार ऐसे जातक को कपिलवर्ण गाय का दान करना चाहिए ।

धनयोग पर विशिष्ट उदाहरण कुंडलियां

महाराजा योग

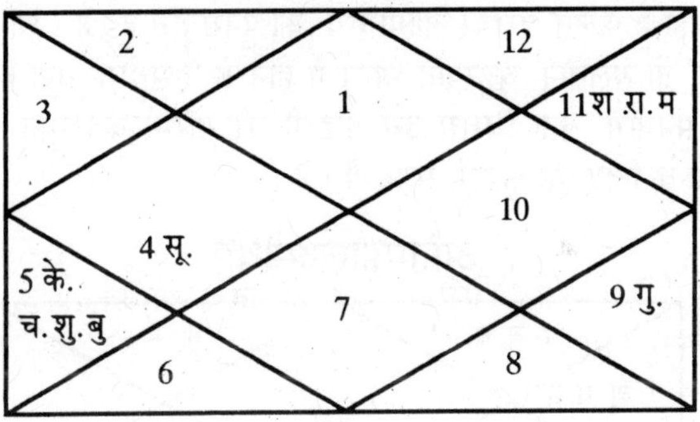

स्व० महाराजा देवास

जन्म—सं० 1934 श्रावण शुक्ल-1; इष्ट—44/22; स्थान—देवास (म० प्रदेश)

प्रस्तुत कुंडली स्व० महाराजा मल्हारराव साहब की है जो मध्यप्रदेश की प्राचीन रियासत देवास के महाराजा थे।

यह जन्मकुंडली विचित्र है। धनेश शुक्र पंचम भाव में शुभग्रहों से दृष्ट है। भाग्य भाव में स्वगृही गुरु "हंस योग" बना कर बैठा है। दसमेश शनि स्वगृही होकर "पद्मसिंहासन योग" शश योग की सृष्टि कर रहा है। जबकि सुखेश चंद्र एवं पंचमेश सूर्य ने परस्पर राशि परिवर्तन करके इस कुंडली में धन एवं राज्य

दोनों की शक्ति में संवर्द्धन किया है। यह कुंडली वास्तव में अध्ययन योग्य है। •

महालक्ष्मीयोग

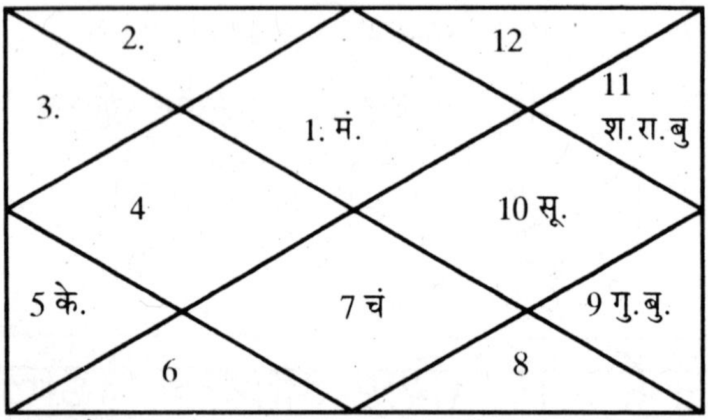

स्व० महाराजा पिपलौदा

जन्म—सं० 1950 भाद्रकृष्ण 12; इष्ट 45 / 5

इस कुंडली में धनेश शुक्र ने बलवान लाभेश से युति की, जिससे महालक्ष्मीयोग बना। लग्न में स्वगृही मंगल, चंद्रमा को देख रहा है, चंद्र मंगल को देख रहा है फलत: परस्पर लक्ष्मीयोग की पुनरावृत्ति हुई है। शनि के कारण 'शशयोग' तो बलवान बृहस्पति भाग्य में होने से 'हंसयोग' बना है। साथ ही 'पद्मसिंहासनयोग' बना जिससे इस कुंडली की गरिमा कई गुना बढ़ गई। विद्यार्थियों के लिए यह कुंडली संग्रहणीय है। •

अतिमहालक्ष्मीयोग

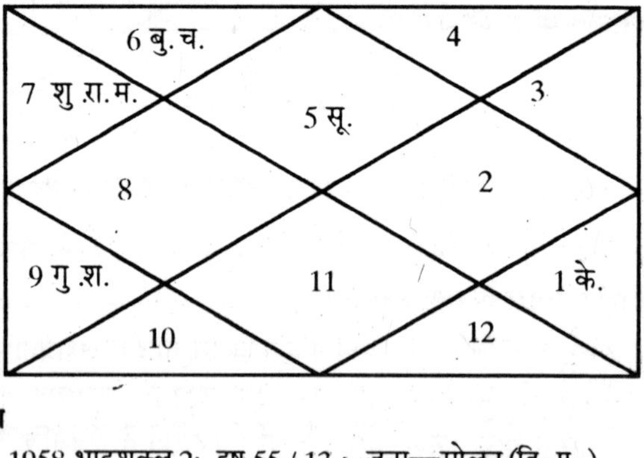

सोलन नरेश

जन्म—सं० 1958 भाद्रशुक्ल 2; इष्ट 55 / 13 ; जन्म—सोलन (हि० प्र०)

प्रस्तुत कुंडली में सूर्य + बुध + शुक्र + गुरु चार ग्रह स्वगृही हैं । मंगल एवं शनि स्वगृहाभिलाषी हैं । ग्रहों का राजा सूर्य मूलत्रिकोण का होकर लग्न में बैठा है । राहु एवं केतु की स्थिति भी इस कुंडली में ठीक है । इस प्रकार सभी ग्रह सुंदर व सौम्य अवस्था में अति महालक्ष्मी योग की सृष्टि कर रहे हैं । •

संसार की अरबा-खरबापति महिला

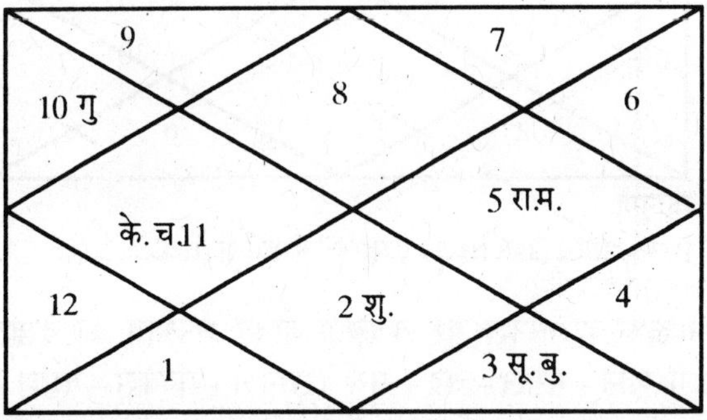

राजकुमारी डायना

जन्म 1-7-1961; समय 7-45 P.M.; (52N50, 00E30) सेंडरिंगम (इंगलैंड)

इंगलैंड की राजकुमारी डायना अपने धन-ऐश्वर्य, खूबसूरती एवं तुनकमिजाजी के कारण संसार में प्रसिद्ध हैं ।

लग्नेश मंगल दिग्बली है । धनेश गुरु नीचभंग राजयोग करके पराक्रम में बैठा है । स्वगृही शुक्र सप्तम में बैठकर लग्न को देख रहा है । स्वगृही लाभेश की दसमेश सूर्य से युति और ये दोनों ग्रह धनस्थान को पूर्ण दृष्टि से देखते हुए धनभाव को सर्वाधिक पुष्ट कर रहे हैं । •

अरबपति योग

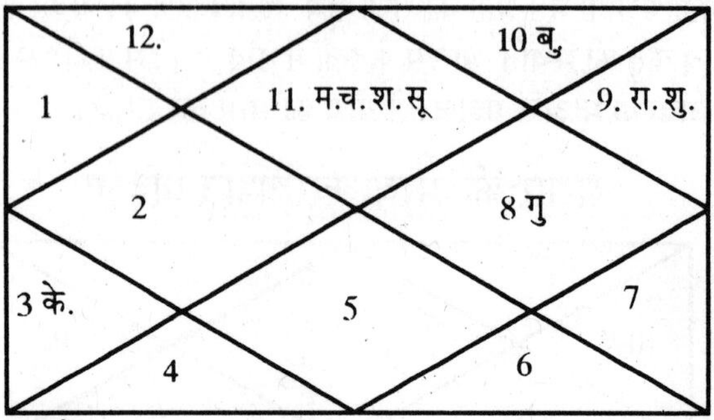

श्री घेवरचंद कानूगो

जन्म 22-2-1936; समय (इष्ट) 10-09 ; स्थान—सिवाणा (राज०)

कुंभ लग्न हो, धनेश गुरु केंद्रवर्ती होकर धनभाव को देखता हो तथा लग्नस्थान में शनि + मंगल + चंद्र + सूर्य (लग्नेश + राज्येश + षष्टेश + सप्तमेश) की युति हो तो जातक अरबपति होता है तथा विवाह के बाद इतना धन कमाता है, जिसकी वह स्वयं कल्पना भी नहीं कर सकता। प्रस्तुत कुंडली भारत के एक प्रसिद्ध उद्योगपति की कुंडली है, जो धातु के कार्य में सबसे आगे है।

महाराजा योग

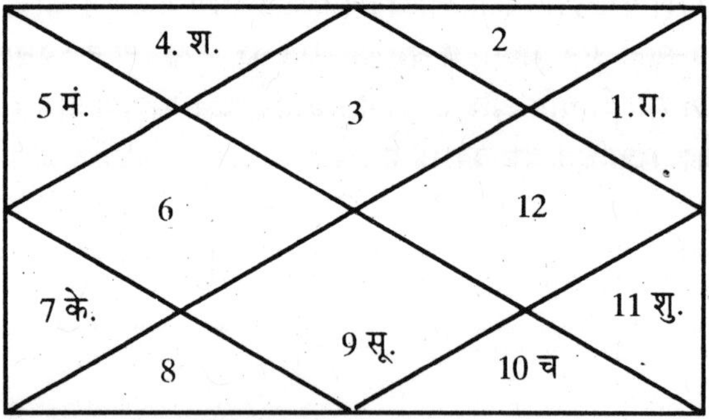

जोधपुर महाराजाधिराज श्री गजसिंह जी साहब

जन्म 13-1-1948; इष्ट 24-57; जन्म—जोधपुर (राज०)

प्रस्तुत पुस्तक में वर्णित योग संख्या 19 के अनुसार इस कुंडली में धनेश व लाभेश ने परस्पर परिवर्तन किया है। ज्योतिषशास्त्र के अनुसार ऐसा जातक महाधनशाली एवं कीर्तिवान् होता है।

जोधपुर नरेश श्री गजसिंह जी युवा पीढ़ि के एक ऐसे व्यक्तित्व हैं जो राज्यसभा के मनोनीत सदस्य रहे तथा विदेशों में भी भारत के राजदूत बनकर रहे तथा जिनकी कीर्ति, ऐश्वर्य एवं वैभव आज भी मारवाड़ के इतिहास में अक्षुण्ण है ।

करोड़पति योग

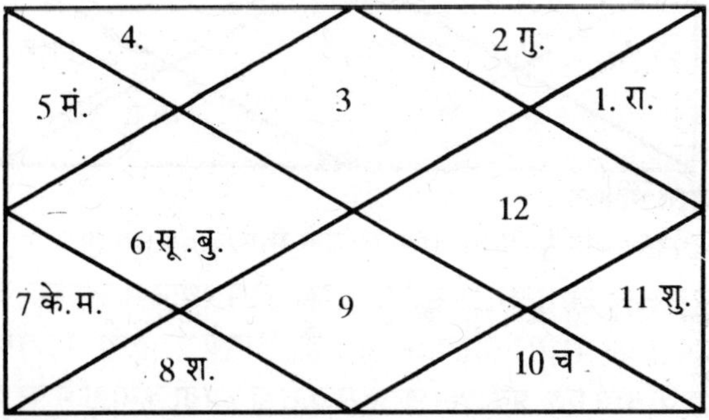

श्री दुर्गाप्रसाद साबू

जन्म 11-10-1929; इष्ट 39/09; जन्म—जोधपुर

मिथुन लग्न में धनेश चंद्रमा (धनभाव) अर्थात् अपने घर को देखता हो । लग्नेश बुध उच्च का केंद्र में हो । लग्नस्थान या लग्नेश पर गुरु की दृष्टि हो तो जातक कुबेर के समान करोड़ों का स्वामी होता है ।

प्रस्तुत कुंडली लघु सीमेंट प्लांट बनाने वाले भारत के प्रसिद्ध उद्योगपति श्री दुर्गाप्रसाद साबू की है । भारतीय विद्यायों के साथ इनकी ज्योतिष में भी गहरी रुचि है ।

करोड़पति ज्योतिष योग

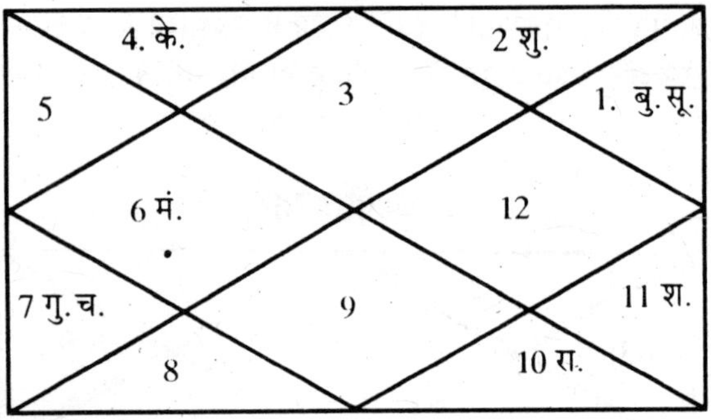

डॉ० नारायणदत्त श्रीमाली

जन्म 20-4-1935 ; जन्म समय 10.20 प्रातः ; जन्म स्थानःढीढस (जोधपुर)

मिथुन लग्न हो, तृतीयेश सूर्य उच्च का लाभ स्थान में लग्नेश के साथ हो, लग्नेश लाभेश का परस्पर परिवर्तन योग हो, भाग्येश भाग्य में स्वगृही हो तो जातक बुद्धि वैचित्र्य एवं प्रकाशन कार्य से करोड़ों रुपया कमाता है पर शनि प्रधान रुपया म्लेछ होता है।

प्रस्तुत कुंडली सुप्रसिद्ध ज्योतिषी डॉ० नारायणदत्त श्रीमाली की है। इनको ज्योतिषी बनाने में शुक्र + चन्द्र + बुध + शनि ने बराबर सहयोग दिया है। सूर्य ने पराक्रम बढाने में अकल्पनीय सहयोग दिया है परन्तु यह सूर्य ही मंगल, शनि व राहु के सहयोग से मारक का काम करेगा •

महाराजा योग

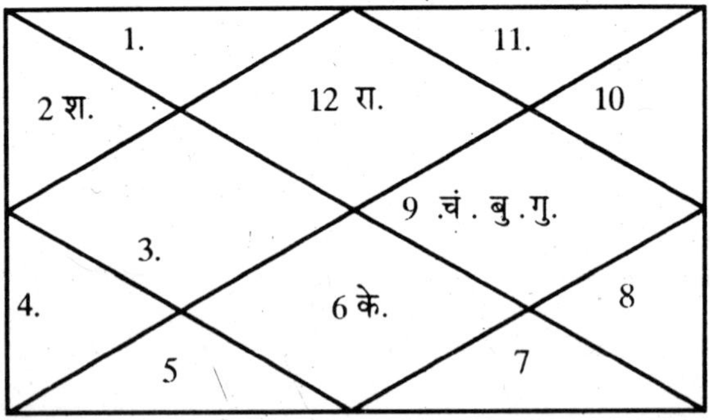

महाराजा पटियाला

जन्म 5-1-1913; समय 8-24; जन्म—पटियाला

धनेश मंगल पंचमेश चंद्र के साथ शुभ ग्रहों से आवृत होकर 'पद्मसिंहासनयोग' बना रहा है। भाग्येश मंगल दिग्बली है। सूर्य भी दिग्बली होकर दशम भाव में विराजमान होनें से जबरदस्त राजयोग एवं धनयोग की सृष्टि हुई है। पटियाला महाराज की संपत्ति भारत के राजा-महाराजाओं में अपना विशेष स्थान रखती है।

•

कुबेर योग

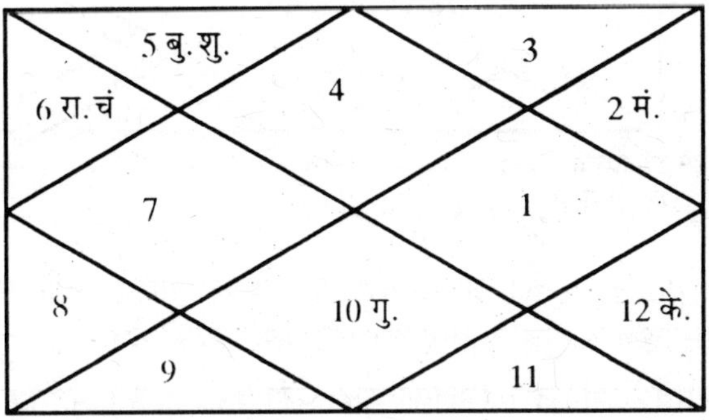

हैदराबाद निजाम

जन्म 18-7-1866 ; समय 60-03; स्थान—हैदराबाद

हैदराबाद निजाम संसार के धनपति कुबेरों में अपना विशिष्ट स्थान रखते थे।

धनेश सूर्य लग्न में नवमेश गुरु से दृष्ट है। लाभेश शुक्र धनस्थान में बुध के साथ, योगकारक ग्रह मंगल की दृष्टि धनस्थान पर, सप्तमेश शनि उच्च का सुखस्थान में व्यक्ति को कुबेर के समान धनशाली बनाता है। सप्तमभाव में नीच का बृहस्पति व्यक्ति को नीच स्त्रियों से संसर्ग करा कर विलासी भी बनता है।

•

कुबेर योग

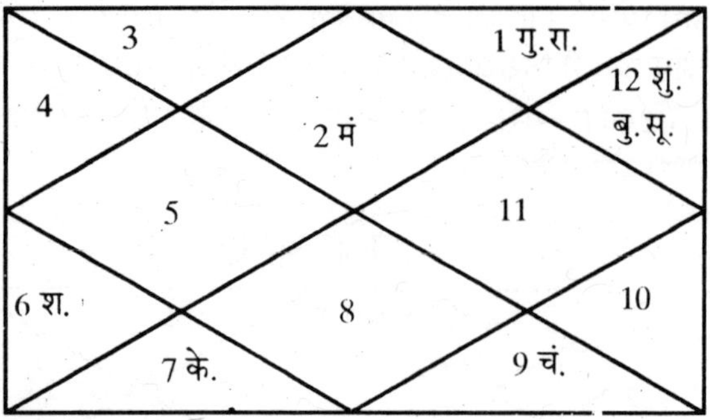

पूंजीपति श्री डालमिया

जन्म—सं० 1814 चैत्र कृष्ण 6; इष्ट—9/34

प्रस्तुत जन्मकुंडली श्री रामकृष्ण डालमिया सुप्रसिद्ध उद्योगपति की है। धनेश बुध उच्च के शुक्र के साथ 'मालव्य योग' करके बैठा है।

भाग्येश शनि उच्चाभिलाषी कुबेर योग बना रहा है। अष्टमेश एवं लाभेश होकर गुरु का द्वादश भाव में जाना कुछ अशुभ ही है। मेष का राहु वहीं पर अत्यधिक खर्च एवं मानसिक वेदना भी बराबर देता रहा है। •

महाराजा योग

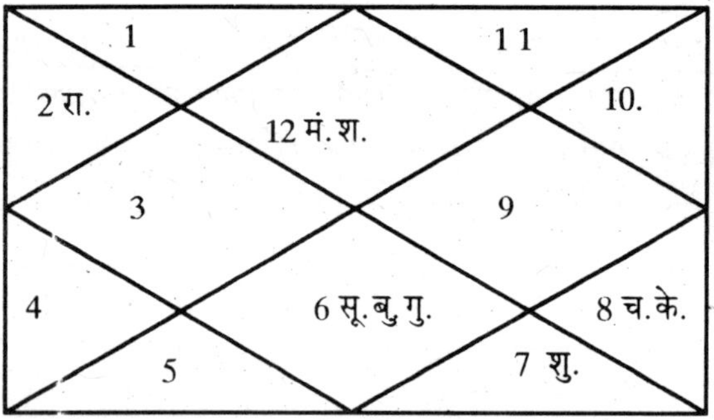

स्व० महाराजा नरसिंहगढ़

जन्म—सं० 1966 भाद्रशुक्ल 7 ; इष्ट 30/14; स्थान—नरसिंहगढ़ (म० प्र०)

धनेश मंगल लग्न में, लग्नेश गुरु (शुभग्रह) से दृष्ट है, उच्च का बुध लग्नस्थ धनेश व लाभेश को देख रहा है। देवगुरु बृहस्पति 'पद्मसिंहासनयोग' के कारण विशेष बलवान है तथा मंगल स्वगृहाभिलाषी होने के कारण चेष्टाबली है।

शुक्र स्वगृही है तथा पंचमेश भाग्यस्थान में होने के कारण बलवान राजयोग बना है। •

अमेरिकन राष्ट्रपति बुश

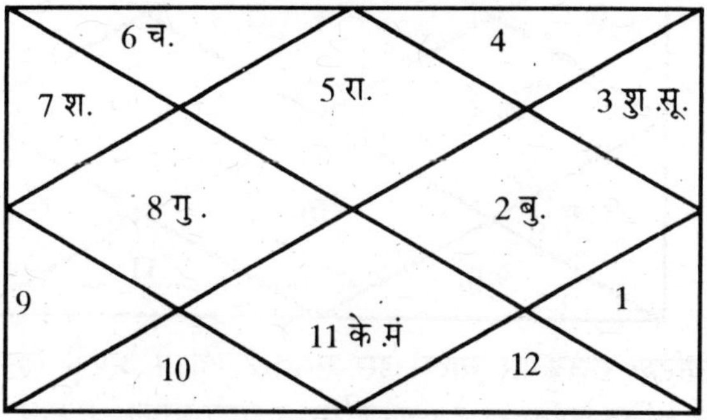

इस कुंडली में 'आसमुद्रात् योग' बना है। चारों केंद्र भरे हुए हैं। धनेश व लाभेश बुध ने दशमेश शुक्र के साथ 'परिवर्तनयोग' बनाया है। फलत: यह संसार के सबसे धनी व्यक्ति की कुण्डली है। सप्तमेश शनि उच्च का है। उच्च का शनि पंचम, भाग्य एवं एकादश स्थान को पूर्ण दृष्टि से देख रहा है। •

क्वीन ऐलिजाबेथ

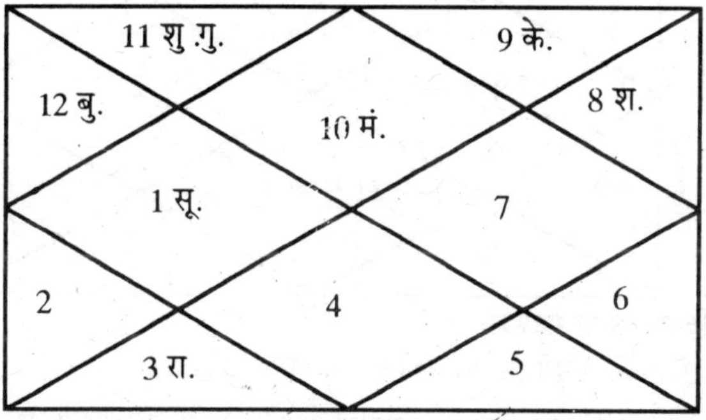

लग्न में मंगल उच्च का, सूर्य उच्च का, चंद्र स्वगृही, शुक्र स्वगृहाभिलाषी एवं योगकारक है।

गुरु एवं धनेश मंगल ने परस्पर स्थान परिवर्तन किया है। जिसने जातक को संसार की सबसे धनी महिला बनाया। यह कुंडली ज्योतिष प्रेमियों के लिए विशेष रूप से दृष्टव्य है। •

ब्रिटिश राजकुमार चार्ल्स

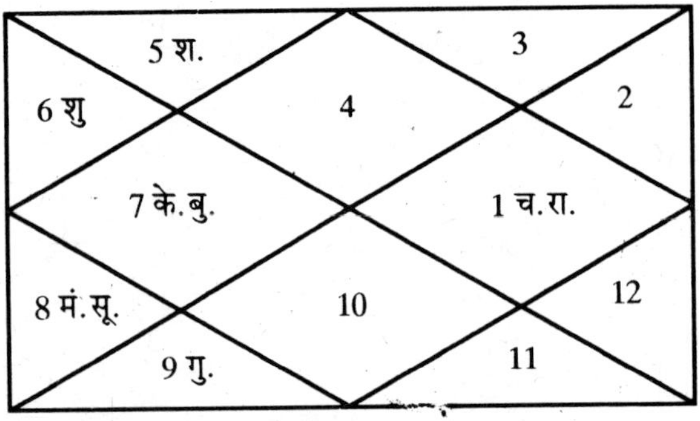

ब्रिटिश राजकुमार चार्ल्स इस समय विश्व में अपनी रईसी के कारण सर्वाधिक चर्चित व्यक्तित्व है। धनेश सूर्य स्वगृही मंगल के साथ पंचम भाव में है। तृतीयेश बुध ने सुखेश व लाभेश शुक्र के साथ 'परिवर्तन योग' बनाया है। भाग्येश गुरु स्वगृही है तथा लग्नेश चंद्रमा को पूर्ण दृष्टि से देख रहा है। •

प्रबल भूमि एवं धन योग

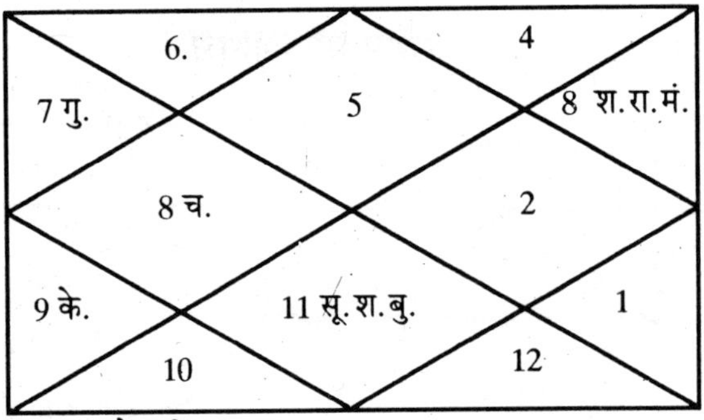

सेठ श्री विनोद कुमार महेश्वरी

जन्म 23-2-1946; समय 18-26; स्थान– मोदीनगर (यू० पी०)

सेठ श्री विनोद कुमार महेश्वरी मोदीनगर के जन्मदाता हैं। आप रोटरी क्लब के अध्यक्ष, कांग्रेस (आई) के उपाध्यक्ष, अनेक स्कूलों, धर्मार्थ ट्रस्ट व शिक्षण संस्थानों के चेयरमैन एवं मालिक हैं। एक प्रकार से आधा मोदीनगर ही जैसे इनका है।

इसका कारण भाग्येश मंगल लाभ स्थान में है। धनेश बुध को पूर्ण दृष्टि से देख रहा है। धनेश बुध गुरु से दृष्ट है। लाभेश एवं सुखेश मंगल भी गुरु से दृष्ट

है ।फलत: प्रबल भूमि एवं धन का योग बना है । लाभेश सूर्य 'लग्नाधिपतियोग' के साथ लग्न को देख रहा है पर नीच का चंद्र पूर्ण राजयोग में बाधक है । •

राष्ट्रपति बिल क्लिंटन

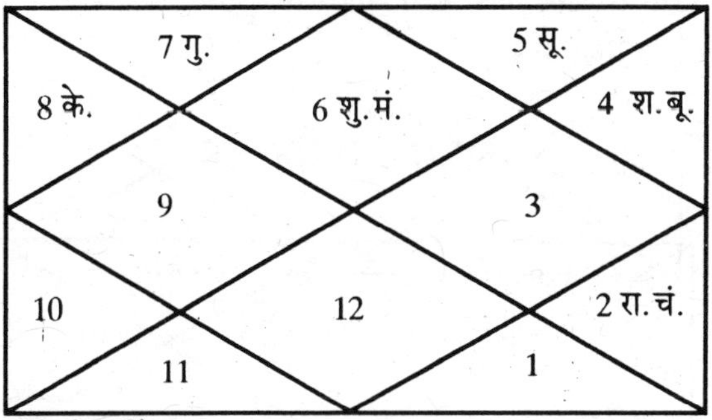

अमेरिकन राष्ट्रपति बिल क्लिंटन

जन्म 19-8-1946; समय 8-30; स्थान-(होप्स) आरकान्स

अमेरिकन राष्ट्रपति बिल क्लिंटन का नाम उन भाग्यशाली पुरुषों में अग्रगण्य है जो छोटी उम्र में ही राष्ट्रपति पद पर पहुंच गये । लाभेश उच्च का भाग्य में, भाग्येश शुक्र स्वगृहाभिलाषी लग्न में, शुक्र धनेश भी है । धनभाव में बृहस्पति जातक को करोड़ों-अरबों की संपत्ति व ऐश्वर्य का स्वामी बनाता है ।

पंचम भाव का स्वामी स्त्री ग्रह जलराशि में है, पंचम भाव बुध से दृष्ट है फलत: क्लिंटन के एकमात्र संतान एक कन्या ही है । •

जॉन कैनेडी

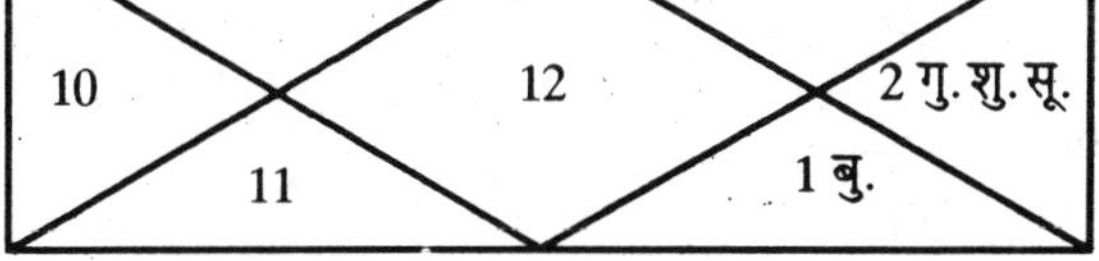

जॉन कैनेडी अरबपति थे अमेरिकन राष्ट्रपति जॉन कैनेडी स्व० प्रधानमंत्री नेहरू के मित्र एवं भारत के शुभचिंतक माने जाते रहे हैं। दोनों राष्ट्रपति कन्या लग्न वाले होते हुए ग्रह स्थितियों में भी काफी कुछ समानता लिए हुए हैं। जॉन कैनेडी की हत्या सरेआम एक भव्य जुलूस में हुई अतः यह कुंडली कई दृष्टि से अध्ययन हेतु अपेक्षित है।

लॉटरी द्वारा धनलाभ

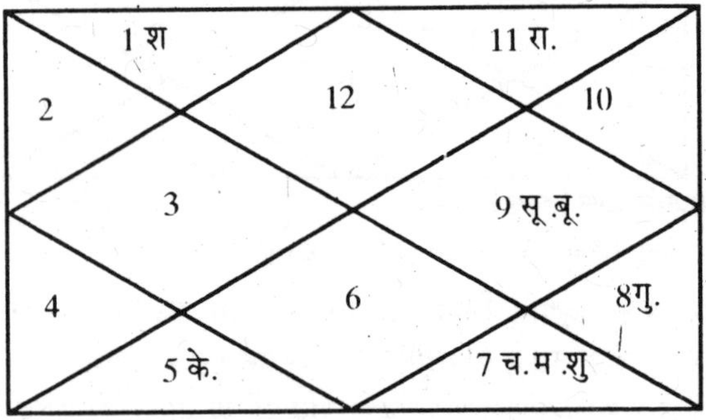

कु० शिल्पा
जन्म 23-12-1970; समय 13-35; स्थान—पूना (महाराष्ट्र)

प्रस्तुत कुंडली कु० शिल्पा की है। इन्होंने एक-दो महीने तक 'लक्की ड्रा' के टिकट खरीदे फिर अचानक सन् 1992 गुरु की महादशा में गुरु के अंतर में इन्हें दो लाख रुपए की लॉटरी निकल आई।

गुरु लग्नेश होकर भाग्य में स्वगृहाभिलाषी होकर मंगल (धनेश) की राशि में है। धनेश मंगल धनभाव को देख रहा है। लाभेश शनि नीच का होकर धनस्थान में बैठा। ऐसा शनि लॉटरी या जुएं से अचानक धन दिलाता है। अतः यह कुंडली ज्योतिष प्रेमियों के लिए संग्रहणीय है। □□